Y0-CYR-264

SAS

COUP D'ÉTAT
AU YÉMEN

DU MÊME AUTEUR
CHEZ LE MÊME ÉDITEUR

AUX PRESSES DE LA CITÉ

AUX ÉDITIONS DU ROCHER

GÉRARD DE VILLIERS

COUP D'ÉTAT
AU YÉMEN

PLON

Photo de la couverture : Jérôme DA CUNHA
Arme prêtée par l'armurerie Jeannot

La loi du 11 mars 1957 n'autorisant, aux termes des alinéas 2 et 3 de l'article 41, d'une part, que les *copies ou reproductions strictement réservées à l'usage privé du copiste et non destinées à une utilisation collective*, et d'autre part, que les analyses et les courtes citations dans un but d'exemple et d'illustration, *toute représentation ou reproduction intégrale ou partielle, faite sans le consentement de l'auteur ou de ses ayants droit ou ayants cause, est illicite* (alinéa 1er de l'article 40). Cette représentation ou reproduction, par quelque procédé que ce soit, constituerait donc une contrefaçon sanctionnée par les articles 425 et suivants du Code pénal.

© Librairie Plon / Gérard de Villiers, 1986.
ISBN : 2-259-01487-9.
ISSN : 0295-7604

CHAPITRE PREMIER

Un chat noir, sans queue, couvert de mouches, miaulait, en équilibre sur une poubelle. Oleg Kopecki détourna la tête et s'arrêta en face d'une des passerelles enjambant l'énorme égout à ciel ouvert profond de plus de deux mètres qui séparait le Ring Road en deux. Etant donné son absence d'évacuation, l'utilité de cet égout, unique à Sanaa, apparaissait douteuse. Il servait surtout de piège aux automobilistes distraits ou maladroits qui s'y engloutissaient corps et biens.

Un panneau fixé à la passerelle indiquait « Al Ghaledi Group » souligné d'une flèche montrant l'autre côté de la route, où se dressait, entre une ruelle caillouteuse et un terrain vague, un building moderne de quatre étages à la façade marron tarabiscotée, les locaux commerciaux du rez-de-chaussée protégés par des rideaux de fer. Le Soviétique, attendant un ralentissement de la circulation, essuya son front avec un grand mouchoir à carreaux. Le soleil tapait encore fort et même sa casquette de toile blanche ne le protégeait pas. Il avait laissé sa Mercedes 200 grise au coin de Az Zubayri Road, à deux cents mètres de là.

Machinalement, il regarda autour de lui. Il ne vit, sur le trottoir qu'il venait de quitter, qu'un épicier allongé sur des sacs de semoule devant sa boutique-placard, la joue gauche déformée par une énorme chique, le regard dans le vague, ailleurs. L'armée soviétique tout entière aurait pu défiler devant lui, il ne s'en serait pas soucié...

Le qat. Les feuilles d'un beau vert cru d'un arbuste qui poussait un peu partout, que l'on mâchait pendant des heures et dont le suc procurait une évasion passagère semblable aux effets de l'opium. La folie du Yémen. Toutes les après-midi, la vie se ralentissait ou s'arrêtait jusqu'à la prière du soir. On « qatait ». Seul. Avec des amis. Chez soi. A son travail. Partout. Parfois, un chauffeur de taxi trop euphorique explosait contre un mur avec tous ses passagers. A cinquante ou cent rials (1) la botte, cela constituait un fantastique marché. Le souci principal de la plupart des fonctionnaires, chaque matin, était de savoir comment ils allaient trouver leur botte quotidienne. On n'avait pas intérêt à avoir affaire à eux dans la matinée : le bakchich avait un punch d'enfer. Vers midi, la pression redescendait, ils envoyaient un enfant chercher leur ration au marché et, sereins, se préparaient à qater le reste de la journée.

Personne n'avait encore compris comment le pays continuait à marcher, la quasi-totalité des Yéménites mâles s'adonnant aux joies du qat, ce qui distendait leurs joues et leur donnait l'air perpétuellement allumé. Les gens sérieux se contentaient, eux, du jeudi et du vendredi...

Tandis que le Soviétique l'observait, l'épicier tira de sa large ceinture où elle était coincée à côté de son énorme et obscène jambia — le poignard recourbé traditionnel — une petite bouteille d'eau minérale et en but une rasade. Le qat donnait soif et les rues de Sanaa étaient jonchées de demi-bouteilles de Shamran, le Perrier local.

Oleg Kopecki jeta un regard dégoûté au vieux Yémé-

---

(1) Cinquante ou cent francs.

nite et se lança sur la chaussée, le flot des voitures s'étant provisoirement tari.

Avec leur casquette blanche, leur pantalon trop large, leur mufle rubicond et leur chemise terne, on reconnaissait les Russes à un kilomètre. Il y en avait des milliers à Sanaa, conseillers militaires et civils, diplomates, ingénieurs...

Longeant une Mercedes noire aux vitres fumées et équipée d'un téléphone stationnant devant l'immeuble, le Soviétique pénétra dans le hall sombre et se dirigea vers l'escalier, immédiatement intercepté par un soldat qui lui barra la route, la main droite levée, les doigts réunis vers le haut, geste typiquement yéménite signifiant à peu près « arrêtez ! ». Un second surgit, murmura quelques mots à son oreille et il s'écarta. Un gros pistolet était passé à même leur ceinturon. Les Yéménites avaient horreur des holsters. Oleg Kopecki appuya sur un des boutons de l'interphone à gauche de l'escalier, soufflant déjà. Sanaa se trouvait à 2 200 mètres d'altitude et son cœur enrobé de graisse avait du mal à fournir. En plus, cette réunion l'inquiétait.

Le colonel Mohammed Bazara était affligé d'un battement de paupières incontrôlable, qui lui donnait l'air de dissimuler perpétuellement sa pensée, ce qui était d'ailleurs le cas. Lorsqu'il mettait des lunettes noires, ses cheveux frisés, son nez long et un peu fort, sa bouche bien dessinée le faisaient ressembler à un playboy.

Il accueillit Oleg Kopecki d'une accolade chaleureuse et le salua en russe. Avant de devenir le chef du Elham El Makasi (1), il avait suivi une école d'officiers à

(1) Sécurité d'Etat.

Sébastopol et séjourné plusieurs fois en Union soviétique. Une grosse femme au visage ingrat, avec de petits yeux noirs enfoncés et des bajoues, fagotée comme une clocharde, apporta un plateau de thé et s'esquiva. Oleg Kopecki se laissa tomber sur un maigre canapé, se remettant de l'ascension des quatre étages.

Lorsqu'il eut avalé un peu de thé, il demanda d'un ton un peu trop jovial :

— Alors, Mohammed, pourquoi voulais-tu me voir ? Quelque chose ne va pas dans notre projet ?

Oleg Kopecki — *rezident* du KGB à Sanaa, sous la couverture de directeur du Poste d'Expansion Economique — n'utilisait cette « safe-house » que pour les rendez-vous secrets. Ceux qui n'entraient pas dans le cadre des relations étroites et officielles yéméno-soviétiques.

Le colonel Bazara battit furieusement des paupières.

— Non, non, il n'y a aucun contrordre. D'abord, je voulais te remettre ceci.

Il poussa vers le Soviétique un attaché-case noir tout neuf, encore dans son emballage plastique d'origine. Un objet superbe, signé Asprey, avec deux serrures à chiffres. Oleg Kopecki le regarda rapidement et demanda :

— L'autre a été remis à son destinataire ?

— Oui.

— Alors, dans ce cas, tout va bien...

L'officier yéménite se passa nerveusement la langue sur ses lèvres sèches. Entre la poussière et l'altitude, on avait toujours soif à Sanaa. Si, en outre on ajoutait l'angoisse...

— Je me demande si je n'ai pas commis une imprudence..., commença-t-il.

Oleg Kopecki se figea.

— Quoi ? demanda-t-il d'une voix trop calme.

Mohammed Bazara se pencha en avant, comme si on

avait pu les entendre, bien qu'ils soient seuls dans le petit appartement.

— Voilà, tu sais que j'avais commandé les attaché-cases par l'intermédiaire d'une amie. Lorsqu'elle les a reçus, elle les a déposés chez l'Ethiopienne qui...

— Je sais, coupa Oleg un peu brusquement. Continue.

— J'ai autorisé cette Ethiopienne à avoir des contacts avec un de tes homologues. Tu vois qui je veux dire ?

— Oui. Et alors ?

C'était dur à passer. Les yeux du Soviétique étaient rivés à ceux de son interlocuteur, comme pour en extraire l'ultime parcelle de vérité.

— Eh bien, lorsque cet homme lui a rendu visite, hier, il a vu les deux attaché-cases et lui a demandé à qui ils étaient destinés. Elle a répondu qu'il y en avait un pour moi et un pour le capitaine Sharjaq. Ça a semblé lui suffire et je pense qu'il ne le mentionnera même pas dans son compte rendu. Seulement, plus tard, il risque de s'en souvenir...

Oleg Kopecki secoua lentement la tête comme un éléphant fatigué et fit d'une voix lasse :

— Je t'ai toujours dit que ces histoires d'agent double finiraient mal...

— Tu crois que c'est grave ? demanda anxieusement Bazara.

Le Soviétique lui expédia un regard à geler l'Everest.

— Ce n'est pas grave. C'est catastrophique.

Un lourd silence suivit ses mots. Bazara n'osait plus le regarder en face, même pas allumer une cigarette. Oleg Kopecki s'appuya au dossier de son siège, jurant intérieurement en russe. Quelle tristesse de travailler avec des cons pareils ! Si Bazara avait été sous ses ordres, il l'aurait jeté dans le premier avion pour Moscou, avec l'ordre de lui faire finir sa carrière à

Ninji-Novgorod... Hélas, ce n'était pas le cas et, d'ailleurs, il avait encore besoin de lui...

— Tu comprends, fit-il d'un ton cinglant, que nous devons renoncer à toute l'opération. Il est hors de question que l'on puisse remonter jusqu'à nous, même si le risque est minime. A moins que...

— A moins que quoi?

Le Soviétique ne répondit pas et les deux hommes échangèrent un coup d'œil parfaitement explicite. L'officier yéménite se leva, comme mû par une pile électrique.

— Je m'en occupe tout de suite!

— Assieds-toi et écoute-moi, ordonna froidement Oleg Kopecki. Il ne s'agit pas de foncer tête baissée, mais de mettre en place un habillage qui empêchera qu'on nous désigne du doigt immédiatement. Nos homologues ne sont pas des imbéciles, mais même s'ils ne croient pas à notre montage, ils n'auront que des doutes, rien de solide.

— J'ai une idée, proposa Bazara.

Il l'exposa au Soviétique. Celui-ci, à la fin, dit du bout des lèvres :

— Cela peut tenir la route. Mais il faut faire vite. Chaque minute est un risque potentiel. Et ne touche pas à l'autre fille pour le moment. Fais-lui peur seulement.

— Rien n'est possible avant après-demain, si nous procédons de cette façon, avertit Bazara.

Oleg Kopecki regarda sa montre, prit l'attaché-case sous plastique et se leva :

— A la semaine prochaine.

Mohammed Bazara le raccompagna jusque sur le palier. De nouveau, ils se donnèrent l'accolade puis le Soviétique s'engagea d'un pas lourd dans l'escalier. Durant les quatre étages, il se demanda s'il allait ou non envoyer un compte rendu de son entretien à Moscou... S'il le faisait, le Centre risquait de geler indéfiniment une opération sur laquelle il travaillait depuis des mois. S'il s'abstenait et qu'il y ait un pépin, il risquait au minimum le rappel immédiat à Moscou et une fin de carrière comme archiviste...

Comme il débouchait dans la poussière du Ring Road, l'aboiement autoritaire d'un muezzin tout proche éclata, aussitôt répercuté par des dizaines d'autres, appelant à la prière du soir. A Sanaa, nul ne pouvait oublier que Dieu est Dieu et Mahomet son prophète.

Jack Penny sortit du building tout neuf de l'USIS (1), chef d'œuvre de l'architecture yéménite, avec ses fontaines, ses ouvertures en ogive, rehaussées de motifs en plâtre blanc, ses dallages harmonieux. Il eut du mal à introduire ses cent quatre-vingt-dix centimètres dans sa Pajero de service. La plupart des rues de Sanaa ressemblant aux pistes du Ténéré, aucune berline de série ne tenait longtemps.

Un de ses adjoints, un Noir de Géorgie, lui cria :

— Où vas-tu ?

— Au tennis, fit Jack Penny.

L'autre eut un rire complice.

— *Bullshit !* Tu as encore trouvé une nana. Salaud !

Le jeune Américain était la coqueluche de Sanaa. Sa carrure athlétique, son profil de gladiateur, ses dents éclatantes, ses gestes posés et un peu larges, et même le léger tic qui lui remontait parfois la narine, lui donnaient un charme fou.

Accroché à son volant, il entreprit de franchir les bosses et les trous qui le séparaient de Haddah Road, dispersant un troupeau de chèvres. L'USIS se trouvait

---

(1) United States Information Service. Très souvent couverture de la CIA.

dans le sud de Sanaa, là où la ville et le désert se chevauchaient, dans un flou ocre et poussiéreux. Derrière lui, une imposante Toyota Land Cruiser Saloon luttait aussi contre la poussière. Le nec plus ultra au Yémen. Hautes sur pattes, puissantes, confortables, rapides sur route et sur piste, elles ravissaient les Bédouins qui s'en procuraient par tous les moyens, y compris le vol. Elles pullulaient à Sanaa. Le Yémen du Nord était officiellement un pays pauvre, mais plein de gens riches...

Arrivé enfin sur Haddah Road, il tourna à droite, en direction du sud. Il parcourut un kilomètre et tourna à gauche sur une piste effroyable.

Secoué comme un prunier, il se demanda soudain si les Yéménites avaient deviné son appartenance à la CIA. En poste depuis six mois, il n'avait pas pris beaucoup de contacts, se cantonnant dans l'analyse. Celle qu'il allait voir était sa première source, ce dont il était très fier. Oswald Byrnes, le chef de station de la CIA à Sanaa, lui avait recommandé la prudence. Les Américains n'étaient pas officiellement bien vus à Sanaa. A cause de l'influence soviétique et au moins autant en raison de leurs liens avec les Saoudiens, qui, eux, étaient particulièrement détestés. Cependant il n'y avait jamais de démonstration hostile. Le gouvernement yéménite se spécialisait dans un difficile numéro d'équilibriste entre l'Est et l'Ouest. Une voiture le croisa, laissant une traînée sonore assourdissante. Son conducteur enturbanné tapait sur son volant recouvert de fourrure synthétique au rythme d'un verset du Coran braillé par son haut-parleur. Il adressa un sourire affectueux à Jack Penny, la joue déformée par une énorme boule de qat. Les Yéménites semblaient tous atteints de rage de dents...

**

La nuit était presque tombée et le muezzin d'une mosquée voisine se déchaîna, assourdissant. Jack Penny acheva quelques zigzags dans les *charias* (1) désertes d'un lotissement moderne, s'assurant ainsi qu'il n'était pas suivi puis en sortit, piquant vers le nord utilisant une piste parallèle à Haddah Road, gagnée au bulldozer sur le désert, décapée par le vent, rongée par les pluies rares et violentes. La mort des pneus et des amortisseurs.

Il dut contourner une énorme mare, reste d'une tornade, tanguant et roulant effroyablement. Pas une lumière. Dans ce coin, il n'y avait que quelques entrepôts et des maisons isolées. A sa gauche se dressait la masse sombre d'un djebel, aux sommets hérissés de DCA. Le palais présidentiel était tout proche, en bordure de l'ancien aéroport et le président du Nord-Yémen, Abdallah Saleh, craignait tout le monde : les Sud-Yéménites, les Saoudiens et ses propres pilotes, parfois portés sur le coup d'Etat. Ses deux prédécesseurs avaient involontairement abrégé leur mandat à la suite de menues fusillades qui avaient fait quelques centaines de morts en plus d'eux. Au Yémen, la politique avait encore du piquant.

Sept années de féroce guerre civile n'avaient pas calmé les Bédouins toujours prompts à s'entre-massacrer au nom d'Allah le Miséricordieux.

Le jeune Américain bifurqua et se gara le long d'une maison en construction. Il descendit et partit à pied en sifflotant. L'air était frais et le silence absolu, à part les éternels aboiements des chiens errants. Dans ce quartier, les maisons étaient plantées au hasard, séparées par des étendues caillouteuses transformées la plupart du temps en dépôts d'immondices. Grâce à Dieu, la sécheresse de l'air limitait la puanteur.

(1) Rue.

Arrivé à une porte de fer peinte en bleu, tranchant sur un haut mur blanc, il appuya sur le bouton d'un interphone. Une voix de femme répondit aussitôt :

— *Aiwa* (1) ?

Il y eut des pas sur le gravier et la grille s'ouvrit. Jack Penny courba sa haute stature pour entrer.

— *Good evening,* Jack ! lança une voix féminine très douce.

Même dressée sur la pointe des pieds, Assageth arrivait tout juste à l'épaule du jeune Américain. D'un geste puissant, il la prit sous les aisselles, la souleva et amena sa bouche à la hauteur de la sienne. La jeune Ethiopienne se débattit gentiment et murmura :

— Pas ici ! Viens, rentrons.

Jack Penny se dit qu'il se conduisait comme un Yéménite. Ceux-ci étaient de complets obsédés sexuels, en raison de la rareté des femmes, beaucoup trop chères pour les pauvres. L'Ethiopienne le fit entrer dans un *mofrech* (2), une pièce dépouillée, quelques tapis, des coussins entassés contre les murs et une télévision. L'odeur fade du qat flottait encore dans l'air. Assageth avait dû recevoir un autre de ses amants...

Jack Penny s'installa confortablement dans les coussins. Aussitôt, la jeune femme se blottit à côté de lui et commença à défaire les boutons de sa chemise. Elle avait un visage triangulaire avec d'immenses yeux noirs pleins de timidité, une bouche trop grande aux lèvres épaisses et des dents très blanches contrastant avec sa peau sombre. Son corps, sous la djellaba blanche, ressemblait à celui d'un enfant, tant il était menu. Pourtant, Jack se délectait de ses petits seins ronds et fermes, et de sa chute de reins étonnamment marquée. Il glissa une main sous la djellaba, trouva les fesses

(1) Oui ?
(2) Salon.

cambrées et les caressa avec sa grande main. Assageth ferma les yeux et se frotta à lui comme un chat, continuant à le déshabiller avec des gestes doux.

Lorsqu'elle eut dénudé sa poitrine, elle se mit à la picorer de petits baisers, tout en parcourant inlassablement son dos de ses doigts légers.

— Comme tu es fort ! murmura-t-elle.

Dès le premier jour, elle avait paru fascinée par sa taille, ses épaules de lutteur et son sourire éblouissant. Il l'avait rencontrée chez Aber Az Ozhoor, une sorte de grand bazar vendant des produits occidentaux presque en face du *Taj Sheba,* sur Ali Abdul Mughni, la grande avenue coupant Sanaa du nord au sud. Jack Penny était en train d'acheter de l'after-shave à une vendeuse outrageusement maquillée lorsque Assageth était arrivée. Visiblement, les deux femmes étaient très liées. Elles s'étaient mises à parler aymara et le jeune Américain en avait profité pour leur apprendre qu'il connaissait leur pays, l'Ethiopie.

Il était sorti du magasin en même temps qu'Assageth. Fait rarissime à Sanaa, il tombait des cordes.

Il lui avait proposé de la raccompagner et à son immense surprise, elle avait accepté, mais en se faisant toutefois déposer à une certaine distance de sa maison.

Jack Penny n'en revenait pas de sa chance. C'était la première fois qu'il parvenait à adresser la parole à une femme autre qu'une diplomate. A Sanaa, elles étaient absentes de la vie : les Yéménites passaient, protégées par leur *marmouk* (1), comme des fantômes multicolores.

Assageth, si elle lui avait appris son nom, avait refusé de lui donner son numéro de téléphone. Par contre, elle avait accepté le sien, avec réticence, il est vrai… Lui promettant de l'appeler.

(1) Voile.

Le jeune Américain avait fait une croix dessus. Et puis quelques jours plus tard, le téléphone avait sonné. Une voix timide, parlant un anglais rocailleux.

— *It's me,* Assageth.

Jack Penny, ivre de joie, avait fait taire sa chaîne Akaï d'un coup de pied et, au cours d'une conversation hésitante, pleine de réticence, avait réussi à lui arracher un rendez-vous. Et chez elle, en plus ! Pour le lendemain, six heures. Elle lui avait même expliqué la façon de retrouver sa maison : « Vous suivez Az Zubayri jusqu'au croisement de *Kentucky Fried Chicken*. Après, c'est la première piste à gauche. Et la dernière maison sur la droite, avec un mur blanc et un portail bleu... »

Dès le lendemain matin, Jack avait conté sa bonne fortune à son chef, Oswald Byrnes. Ce dernier, en poste à Sanaa depuis trois ans, avait refroidi son enthousiasme après avoir scruté ses dossiers.

— Vous vous êtes fait « tamponner », mon vieux ! avait-il dit d'un ton plein de commisération. On m'a déjà signalé cette fille. Elle est venue à Sanaa comme secrétaire à l'ambassade d'Ethiopie, et a eu très vite des amants yéménites. Son dernier protecteur connu est le colonel Mohammed Bazara. Je ne pense pas que je puisse vous autoriser à la revoir. Elle représente un risque de sécurité...

Ces révélations avaient fait l'effet d'une douche glaciale sur l'euphorie de Jack Penny. Puis, il s'était repris, mettant cette appréciation pessimiste sur le compte des déboires conjugaux du chef de station. Sa femme avait refusé de rester avec lui à Sanaa et les mauvaises langues disaient que ce n'était pas seulement à cause de l'environnement... Oswald Byrnes en profitait, dès qu'il avait trois J & B dans le nez, pour proclamer qu'il n'avait pas besoin d'affection et qu'il vivait très bien avec ses ordinateurs... Jack Penny avait pourtant réussi à lui arracher l'autorisation de revoir

Assageth, faisant miroiter une « source » possible, en raison de ses contacts avec le colonel Bazara.

Le chef de station s'était laissé convaincre du bout des lèvres, précisant :

— OK, mais je veux un compte rendu détaillé à chaque entrevue. Et je ne vous débloque pas plus de deux cents dollars par mois. Comme cette fille ne doit marcher qu'au fric, vous n'avez pas beaucoup de chance...

Assageth ne marchait pas qu'au fric. Jack Penny s'en rendit compte dès leur première rencontre. Elle l'avait reçu dans la pièce où ils se trouvaient maintenant. Exactement dans la même tenue. Ils avaient bavardé quelques instants, et après un court silence il s'était penché sur elle pour l'embrasser. Aussitôt, Assageth l'avait serré contre elle avec une force extraordinaire et ils avaient roulé, enlacés, sur les coussins. Jack Penny éprouvait une sorte de retenue devant ce corps enfantin et s'était contenté de caresses presques chastes, qui avaient néanmoins eu un effet impérieux sur lui.

C'est Assageth qui l'avait déshabillé peu à peu, comme ce soir, découvrant son sexe avec une sorte d'ébahissement émerveillé. Comme pour l'apprivoiser, elle l'avait pris dans sa bouche avec douceur, le gardant ainsi presque sans bouger la tête, sans chercher à le faire jouir ou à l'exciter. Un rite païen. De temps à autre, elle levait sur lui ses grands yeux noirs inondés de désir.

C'est encore elle qui avait murmuré :

— *I want you* (1).

Elle s'était glissée sur lui et avait guidé délicatement le membre brûlant du jeune Américain. Celui-ci, effaré par la disproportion de leurs deux corps se dit qu'il

_____

(1) J'ai envie de toi.

devait lui remonter jusqu'à l'estomac. Mais Assageth s'était contentée de pousser un soupir rauque. Ils avaient fait l'amour avec des mouvements très doux jusqu'à ce que, tressaillante, raidie, gémissante, elle explose de plaisir. Ce qui avait déclenché l'orgasme de Jack... Ensuite, Assageth était restée littéralement des heures à le caresser, partout, lui répétant comme elle aimait le grain de sa peau...

Jack Penny était reparti en pleine nuit, ravi et stupéfait par l'ultime recommandation d'Assageth :

— Reviens dans une semaine à la même heure. Ne me téléphone jamais, ne viens jamais à une autre heure, ce serait très dangereux pour toi et pour moi...

Jack avait fait scrupuleusement son compte rendu et avait reçu le feu vert d'Oswald Byrnes pour continuer à voir la jeune Ethiopienne. Peu à peu, elle s'était confiée à lui. Histoire classique. Elle voulait aller en Ethiopie en vacances et revenir. Les Yéménites lui avaient refusé son visa et c'est le colonel Bazara qui le lui avait obtenu. Il s'était bien entendu fait payer en nature. Bazara l'avait emmenée aux parties qui se déroulaient au club des officiers de la Sécurité, dans un petit bâtiment au flanc d'un djebel. Ainsi que son amie la vendeuse d'Aber Az Ozhoor. Ensuite, d'après elle, Bazara était tombé amoureux et l'avait installée dans cette petite maison où il lui rendait visite tous les jours, sauf le jeudi.

Leur idylle avait continué plusieurs mois ainsi. Jack Penny avait grapillé quelques renseignements sans importance, parce qu'impossibles à recouper ou dépassés. Assageth avait maladroitement essayé de le questionner sur les Américains de Sanaa, et il s'était fait un point d'honneur de lui fabriquer quelques informations bidon...

Le plus clair de leurs rendez-vous se passait à faire l'amour.

Jack continuait à toucher les deux cents dollars par mois, à remplir ses comptes rendus que personne ne lisait et était très heureux comme cela. Cependant, lors de sa dernière visite, il avait peut-être, à la réflexion, trouvé quelque chose à se mettre sous la dent.

Jack Penny ferma les yeux. Assageth venait de le prendre dans sa bouche avec sa douceur habituelle et il se concentra sur la sensation exquise.

Les vociférations du muezzin voisin éclatèrent soudain de tous leurs haut-parleurs, faisant trembler les vitraux colorés. Assageth ne s'interrompit pas. Jack s'arracha de sa bouche, fit glisser la djellaba le long du corps gracile, découvrant la peau brune au grain satiné. Assageth roula aussitôt sur les coussins de façon à lui offrir ses fesses cambrées.

Le sexe de l'Américain, raide comme une barre de fer, s'enfonça, secouant Assageth d'un brusque spasme. Jack commença à la prendre avec lenteur ; Assageth creusa d'elle-même les reins et poussa à peine un cri léger au moment où il achevait de s'engloutir jusqu'à la garde.

Le muezzin redoublait d'efforts. Quand il se déchaîna, elle se mit à crier aussi, de l'aymara et de l'anglais, le suppliant de jouir au plus profond d'elle...

Assageth se dégagea doucement, et revint se lover contre lui, ses grands yeux noirs soulignés de cernes sombres.

Jack savait qu'elle avait horreur de parler de choses sérieuses quand elle venait de faire l'amour. Près d'une heure s'écoula sans qu'ils échangent plus de dix mots. Assageth caressait inlassablement son corps musclé, ronronnant de plaisir. D'un ton détaché, Jack Penny posa enfin la question qui l'intéressait :

— Ils étaient superbes les attaché-cases que tu avais chez toi, la semaine dernière. D'où viennent-ils ?

Il sentit Assageth se figer contre lui. Après quelques instants de silence, elle dit d'une voix mal assurée :

— C'est mon amie qui travaille chez Az Ozhoor qui les a fait venir de Londres.

— Tes amis ont des goûts de luxe, remarqua-t-il.

Assageth se troubla.

— Je ne sais pas. Je ne crois pas qu'ils coûtent si cher...

Des Asprey... Jack Penny se dit qu'il y avait quelque chose de bizarre.

Comme pour mettre fin à la conversation, Assageth se mit à le caresser d'une façon plus précise. Le plaisir qui montait n'empêcha pas l'Américain de réfléchir. Dans le monde arabe, et spécialement chez les militaires, le sens de la hiérarchie était très développé. Cela lui paraissait bizarre que le colonel Bazara accepte d'avoir un attaché-case rigoureusement identique à celui de son subordonné...

Il faudrait essayer d'approfondir le sujet. A l'attitude embarrassée d'Assageth, il sentait que quelque chose n'était pas clair dans cette histoire. Mais les efforts de la jeune Ethiopienne finirent par porter leurs fruits et il se laissa aller.

Quelques minutes plus tard, il explosa dans sa bouche, tout son grand corps arqué de plaisir.

De nouveau, Assageth demeura contre lui, comme un petit animal heureux. Jack Penny avait déjà recommencé à penser. Comment en savoir plus sur cette histoire d'attaché-cases ? Il se releva et s'étira.

— Tu demandes à ta copine si tu peux m'avoir un attaché-case comme les autres ? insista-t-il.

— Oui, oui, fit Assageth distraitement.

Elle remit sa djellaba et le regarda s'habiller avec tristesse.

— Je voudrais te voir plus souvent, dit-elle.

— Viens chez moi.

Elle hocha la tête.

— C'est trop dangereux...

Il acheva de se rhabiller et Assageth l'accompagna jusqu'à la porte. La nuit était tombée totalement et les étoiles brillaient. Des chiens aboyèrent dans le lointain. A cause de l'altitude, l'atmosphère était toujours très pure. De nouveau, l'Ethiopienne se dressa sur la pointe des pieds pour l'embrasser. Jack la saisit par la taille et la souleva de terre, la serrant contre lui.

— Je t'aime beaucoup ! dit-il.

— Moi aussi, souffla-t-elle. J'adore faire l'amour avec toi. A la semaine prochaine.

— Pense à mon attaché-case.

La grille claqua derrière lui et il se mit en route vers sa voiture.

Ses pas faisaient crisser les cailloux dans le silence de la nuit. Pas un chat. Personne autour de la Pajero. Il ouvrit la portière et se laissa tomber sur le siège avant. Un hurlement de douleur lui échappa.

Il voulut s'arracher de son siège, mais les pointes qui venaient de s'enfoncer dans sa chair semblaient le retenir comme des hameçons... Un froid intense l'envahit comme si on l'avait plongé dans une eau glaciale. Il gagna son cerveau, il lui sembla que sa poitrine implosait, que ses côtes écrasaient son cœur.

Les deux mains crispées sur le volant, il retomba lourdement sur le siège, mort.

CHAPITRE II

— Les salauds ! Du curare ! Vous vous rendez compte ? Du *curare !*

Oswald Byrnes avait parlé si fort que Malko se retourna pour voir si les passagers de l'Airbus d'Air France n'avaient pas entendu. Heureusement, la classe Club, nouvelle sur le Moyen-Orient n'était pas pleine et leurs voisins dormaient. Dans une heure ils allaient arriver au Caire.

Les deux hommes s'étaient retrouvés à Paris. Oswald Byrnes, le chef de station de la CIA à Sanaa, venait de Londres et Malko d'Autriche, comme d'habitude. Arraché une fois de plus à son cher château de Liezen. Il n'était pas mécontent de découvrir le Yémen, pays encore moyenâgeux, resté à l'écart du monde. Coupé en deux depuis une trentaine d'années. Le Sud-Yémen, ancien protectorat britannique, était devenu un satellite de l'URSS, famélique et marxiste. Le Nord-Yémen lui, était resté dans la mouvance occidentale, soutenu par l'Arabie Saoudite. C'était un état féodal où les Soviétiques, par le biais de nombreux conseillers militaires, exerçaient une forte influence. Les deux Yémen se regardaient en chien de faïence, se demandant lequel avalerait l'autre le premier.

Malko observait son voisin qui semblait outré que l'on eut tué son adjoint de cette façon.

— Oswald, demanda-t-il, quelle différence si on lui avait mis deux balles dans la tête ? Ou calé un obus de mortier dans son démarreur...

L'Américain secoua la tête, choqué.

— C'est pas la même chose... Il n'y a que les putains de sauvages qui utilisent le curare. Les Jivaros ou des types comme ça.

Avec ses lunettes cerclées de plastique blanc, ses cheveux gris clairsemés rejetés en arrière, sa petite bedaine et ses traits sans originalité, il ressemblait à un fonctionnaire obscur en fin de carrière. Il avait le regard trop limpide que l'on trouve souvent chez les imbéciles. C'était pourtant un des meilleurs chefs de station de la CIA. D'un geste, Byrnes demanda à l'hôtesse de lui renouveler son verre. Depuis le départ de Paris, il marchait au J & B sans eau.

— Jack Penny ne se méfiait pas ? demanda Malko.

Oswald Byrnes but une gorgée avant de répondre.

— Ils ont ouvert sa bagnole pendant qu'il était avec sa source. Ils ont découpé le siège, l'ont « fourré » de quatre seringues pleines de curare, trois ou quatre centimètres cubes chacune. De quoi foudroyer un éléphant. Verticales, la pointe tournée vers le haut, les pistons calés sur une plaque d'acier glissée dans la partie inférieure du siège. Quand Jack s'est assis, son poids a poussé le corps des seringues vers le bas et les quatre seringues ont injecté le poison dans ses fesses... Il n'avait pas une chance ! Il a dû mourir en quelques secondes. Ses vaisseaux étaient tellement rétractés qu'il n'y avait pas une goutte de sang sur ce putain de siège...

— Nous commençons notre descente sur Le Caire, annonça l'hôtesse, veuillez attacher vos ceintures.

L'Airbus d'Air France plongeait doucement vers les pyramides éclairées comme la tour Eiffel.

Oswald Byrnes demeura muet, le regard fixe, un peu vitreux. Le J & B faisait son effet. Il sursauta quand Malko demanda :

— Il a fallu du temps pour organiser ce meurtre...

— Ils en avaient. Chaque fois, il restait là-bas plusieurs heures...

Il ajouta après un moment de silence :

— J'aurais dû suivre mon instinct, interdire à Jack de revoir cette fille. Cela ne servait pas à grand-chose. Vous avez lu ses comptes rendus ? Pas une seule véritable information.

— Pourquoi a-t-il continué, alors ?

L'Américain haussa les épaules.

— Il se faisait chier à Sanaa. Je crois qu'il aimait bien baiser cette fille. Moi, j'ai été faible.

— Ce meurtre était prémédité de longue date, renchérit Malko. On ne doit pas trouver du curare à tous les coins de rue. Il fallait prévoir d'ouvrir la voiture, le surveiller, pouvoir utiliser des techniciens du piégeage.

L'Airbus toucha le sol dans un *kiss-landing* (1) impeccable et commença à rouler vers l'aérogare. Autour d'eux, les passagers du Club s'ébrouaient. Malko réfléchissait, intrigué par ce meurtre étrange. Il savait que le curare avait été utilisé à Beyrouth par certains groupuscules palestiniens. Mais au Yémen... Oswald Byrnes le balaya de son haleine alcoolisée.

— Moi aussi, j'ai vachement réfléchi à ce truc ! J'ai relu ses comptes rendus dix fois. Il n'y a *rien* dedans. Et si Jack avait découvert quelque chose lors de sa dernière visite, on n'aurait pas eu le temps d'organiser un meurtre aussi sophistiqué.

— C'est le mystère total donc, conclut Malko.

— Pas tout à fait. Après la mort de Jack, des rumeurs ont couru et m'ont été rapportées. Des sources généra-

---

(1) Atterrissage très doux.

lement bonnes. Ce serait un crime passionnel. La fille à qui Jack rendait visite était la maîtresse attitrée du colonel Mohammed Bazara, le patron de la Sécurité.

— Je sais, dit Malko, et alors ?

— Il aurait piqué une scène de jalousie et demandé à un groupe palestinien qui se trouve à Sanaa de le débarrasser de son rival. D'où le curare. Lui, ça aurait été plutôt la jambia. Ou la Kalach...

— Ce n'est pas complètement invraisemblable, admit Malko.

Oswald Byrnes émit un grognement informel.

— *Yeah...*

L'appareil s'immobilisa et on ouvrit les portes. L'odeur de kérosène qui flotte sur tous les aéroports du Moyen-Orient pénétra dans la cabine. L'air était frais, tout semblait calme. Malko pensa à sa mission passée en Égypte (1). Dommage que les Israéliens et les Américains aient laissé assassiner Sadate. Ils n'en retrouveraient pas un autre comme lui.

— Cette Éthiopienne, Assageth, on n'a pas pu l'interroger ? demanda Malko.

— Elle a disparu le lendemain du meurtre. Les Yéménites prétendent qu'ils ne savent pas où elle est, ce qui est évidemment un mensonge. Comme la voiture de Jack était garée assez loin de sa maison, ils prétendent qu'elle n'avait aucun rapport avec le meurtre.

— Et si c'était simplement un attentat aveugle anti-américain ?

— Je n'y crois pas. Il aurait été revendiqué.

Les nettoyeurs égyptiens s'activaient autour d'eux. Malko demeura silencieux, il commençait à avoir sommeil.

La station de Vienne lui avait annoncé une mission délicate au Yémen, sans plus. Le dossier remis par

_____

(1) Voir *Le Complot du Caire*, SAS n° 61.

Oswald Byrnes à Paris ne comportait que les comptes rendus de Jack Penny et une courte synthèse de ce qui s'était passé.

— Et l'autre fille ? demanda-t-il, celle qui travaille à la parfumerie. On a pu lui parler ?

Oswald Byrnes secoua la tête :

— Je n'en ai pas eu le temps. Londres m'a immédiatement appelé en consultation. Il va falloir s'en occuper rapidement.

— Donc, vous ne croyez pas à la théorie du crime passionnel ?

— *Nope !*

— Pourquoi ?

Oswald Byrnes se pencha vers Malko, avec un air mystérieux.

— Pour une raison que je suis le seul à connaître. Deux jours avant sa mort, Jack m'a dit qu'il avait peut-être découvert quelque chose d'intéressant chez cette Assageth. Il a refusé de m'en dire plus, prétendant que ce n'était probablement rien. J'ai eu la connerie de ne pas le forcer à parler. J'étais pressé, j'avais mon compte rendu hebdomadaire à faire pour Langley.

« Jack m'a dit qu'il espérait en savoir plus à sa prochaine rencontre — celle après laquelle il a été tué — et j'ai laissé tomber.

« Maintenant, je suis à peu près sûr qu'il avait bien découvert quelque chose. Un gros truc, sinon les autres *gooks* (1) n'auraient pas pris le risque de le liquider. Mais je ne suis pas sûr d'avoir convaincu les gens de Langley. Ils m'ont demandé de vous coller, en prime, une deuxième mission.

« Je « traite » Ali Nasser, le président du Sud-Yémen déposé par les Soviétiques. Il vient souvent à Sanaa. Nous avons décidé de lui fournir des armes et de l'aider

_____

(1) Bougnoules.

à monter des guérillas au Sud-Yémen. J'avais besoin d'un « opérateur » pour ne pas me mettre en avant.

Deux mois plus tôt, une révolution de palais avait éclaté au Sud-Yémen, en chassant le président Ali Nasser dont le marxisme mollissait, au profit d'une junte plus fidèle à l'URSS. Bien entendu, le président déposé avait été « récupéré ».

— Ce que j'attends surtout de vous, continua Oswald Byrnes, c'est de savoir pourquoi Jack a été assassiné.

— Je vois, dit Malko.

Oswald Byrnes se pencha vers lui.

— C'est mon dernier poste. Après, bonjour le Kentucky! Je ne veux pas me retirer sur une merde. Seulement, attention...

Il laissa sa phrase en suspens tandis qu'une femme de ménage égyptienne nettoyait le cendrier et reprit d'un ton emphatique et un peu pâteux :

— Vous vous souvenez du *Salaire de la peur?*

— Oui.

— Eh bien, tirer au clair cette histoire c'est comme conduire un camion bourré de dynamite sur une mauvaise piste. Avec toutes les chances de vous faire péter la gueule. Mais si vous trouvez, tout ce que j'ai pu gratter comme fonds secrets sera à vous...

Malko sentit un petit frisson remonter le long de sa colonne vertébrale. Il était rare qu'on l'avertisse aussi clairement.

Oswald Byrnes se pencha à son oreille.

— Je vous connais et je vous estime. Je ne fais pas partie de ces enculés qui envoient les mecs au massacre en leur faisant croire qu'ils vont aux fraises...

C'était vraisemblablement grâce au J & B que Malko bénéficiait d'une telle franchise.

— Pourquoi ne pas avoir demandé cette enquête à quelqu'un de votre station ?

Le regard vitreux se teinta de réprobation.

— D'abord aucun n'en est capable. Ensuite, notre position est trop fragile au Yémen. Vous êtes autrichien et s'il y a une bavure, on vous laissera tomber. Comme une vieille chaussette. On ne vous aura jamais connu. On ne rapatriera même pas votre corps...

Se méprenant sur le silence de Malko, il ajouta, désignant la porte ouverte :

— Si on me disait la même chose, je plongerais par cette porte et je courrais jusqu'à Athènes.

Malko eut un sourire évasif. Son sang slave lui insufflait parfois un certain fatalisme. La mort vous attend toujours là où on ne la croit pas. Et puis, son château était un tonneau des Danaïdes qu'il fallait tenter de combler... Il aimait finalement ces moments intenses où on choisissait son destin.

— Je crois en mon étoile, dit-il. Pourquoi est-ce que cela est si dangereux ?

Oswald Byrnes le regarda, effaré.

— Pourquoi ? L'homme qui est l'amant de cette Assageth fait ce qu'il veut à Sanaa, légalement ou illégalement. Vous allez vous retrouver pratiquement seul.

Malko le savait. Il arrivait au Yémen avec une couverture de « consultant » pour la Hunt Oil, ce qui lui donnait la possibilité de se déplacer sans attirer l'attention.

La Hunt Oil avait découvert du pétrole dans le désert, au nord-est de Mareeb et se préparait à l'exploiter, en construisant un pipe-line jusqu'à la mer. Plusieurs centaines de techniciens étrangers travaillaient à ce projet.

— La Hunt doit être respectée des Yéménites, remarqua Malko. C'est eux qui sortent le pétrole...

Oswald Byrnes s'étrangla.

— La Hunt ! Ils font dans leur froc ! Ils ont tellement peur que les Yéménites les virent qu'ils ne se mouilleront pas...

Un escadron d'anges passa, les ailes dégouttantes de pétrole. Malko s'étira, avec la sombre jubilation de ceux qui vont au massacre. Oswald Byrnes lui était sympathique. Au moins, il ne mâchait pas ses mots... L'Américain le guettait du coin de l'œil. Dès que les portes se furent refermées, il leva son verre en direction de Malko.

— Bienvenue au Yémen. Que le diable vous protège...

— Pas de blasphème, corrigea Malko, j'ai besoin de tous mes amis. A propos, dans cette histoire Ali Nasser, quels sont nos adversaires ?

— Les Popovs. Ils sont furieux que le président du Nord-Yémen, Abdullah Saleh, soit copain avec lui et le reçoive.

— Et les Nord-Yéménites ?

— Ils nous laissent faire. Comme leur président est un ami personnel d'Ali Nasser, il impose ses vues. Il faut avoir préparé quelque chose pour son prochain passage à Sanaa, dans une dizaine de jours. Pour l'instant, il est en Ethiopie.

La voix de l'Américain fut couverte par le grondement des réacteurs de l'Airbus en plein décollage.

Peu à peu, l'appareil d'Air France prit sa vitesse de croisière, longeant la mer Rouge. Malko se laissa aller dans le confort moelleux du Club. S'il devait mourir, autant mourir reposé. Il s'endormit en parcourant un prospectus qui annonçait de nouveaux vols Air France Paris-Londres pour 595 francs aller-retour, repas et champagne compris. Oswald Byrnes appréciait.

Les vociférations de tous les muezzins éclatèrent en même temps, dans une cacophonie hallucinante, brisant le silence de la nuit. Il était un peu plus de quatre heures. Les cris gutturaux des mollahs amplifiés par les haut-parleurs se heurtaient, s'entrechoquaient, faisant vibrer la ville endormie, plongée encore dans la nuit.

Jamais, dans aucun pays musulman, Malko n'avait rencontré cette concentration de mosquées... Le chauffeur freina devant un soldat vêtu d'une vieille capote kaki, emmitouflé dans une écharpe, l'air frigorifié, une Kalachnikov à l'épaule. Il échangea quelques mots à voix basse avec le chauffeur du taxi qui lui donna une cigarette et repartit... C'était le sixième barrage depuis l'aéroport de Sanaa. Tous aussi inefficaces.

La cacophonie durait encore lorsqu'ils s'arrêtèrent devant la façade sombre du *Taj Sheba*. Tous les magasins étaient uniformément protégés par des volets du même bleu. Quelques clochards dormaient à même le sol, sur le trottoir de l'avenue Ali Abdul Mughni.

Malko abandonna vingt dollars et pénétra dans le hall. Un employé somnolent lui fit remplir une fiche et le conduisit à sa chambre. L'hôtel semblait avoir été construit pour des nains, on touchait le plafond avec ses mains...

Il s'allongea sur le lit, écoutant les muezzins qui se taisaient l'un après l'autre. A l'aéroport il s'était séparé d'Oswald Byrnes. Il devait retrouver l'Américain dans quelques heures, à son bureau, dans un lotissement qu'il partageait avec les gens de la Hunt, sur Haddah Road, en face du *Haddah Hotel*. Ce qui facilitait bien des contacts.

Il avait du pain sur la planche... Et trois heures à dormir.

Il se demanda si la Sécurité yéménite était déjà en train d'éplucher sa fiche de « consultant »...

*
**

Un chauffeur de taxi se précipita sur le perron du *Taj Sheba* pour offrir ses services à Malko. Enturbanné, une veste européenne enfilée sur sa chemise, les jambes poilues découvertes par la « fouta », une jambia énorme glissée dans la ceinture, à côté d'une petite bouteille d'eau minérale pour le qat, édenté et souriant.

— *Sanabany Station on the Ring Road,* annonça Malko.

La cacophonie des klaxons avait remplacé celle des muezzins. Les véhicules défilaient sans interruption devant le *Taj Sheba.* Des Toyota Land-Cruiser hautes sur pattes, des Nissan, des Daihatsu. Tout le Japon était là... Pour un pays pauvre... Le soleil tapait déjà très fort. Le taxi démarra et tourna à droite devant la Banque d'Etat, splendide bâtiment entouré d'un jardin, dont les caves, hélas, ne contenaient plus un seul dollar...

Malko, à son réveil, s'était imprégné de la topographie de cette ville plate et poussiéreuse. Ce qui était d'ailleurs aisé : Le Ring formait un carré à l'intérieur duquel Sanaa s'était développé, mordant sur le désert. A l'est le bazar, coupé de la rivière qui ne coulait que trois ou quatre jours par an, à l'ouest l'ancienne ville bâtie par les Turcs, un entrelacs de ruelles étroites et sinueuses bordées de murs aveugles derrière lesquels se cachaient des centaines de jardins. Un cirque de montagnes pelées enserrait la ville. Pas de trottoirs, des bâtiments modernes en béton, carrés, laids ou de vieilles maisons aux façades enluminées de motifs en plâtre blanc, avec des ouvertures fermées de vitraux, de massives et basses portes en bois clouté.

Toutes les femmes étaient voilées.

Le taxi stoppa vingt minutes plus tard en face d'un terrain grillagé où s'alignaient quelques autos : le loueur de voitures indiqué par Oswald Byrnes. L'Américain avait remis sa carte à Malko avec quelques mots en arabe.

Un garçon aux dents éclatantes qui ne s'était pas rasé depuis trois jours accueillit Malko.

— *Salam aleikoun !*

— *Aleikoun salam !* répondit poliment Malko.

La conversation s'arrêta là... Le loueur ne parlait pas un mot d'anglais... Mais la carte d'Oswald Byrnes fit merveille. Malko signa de longs formulaires en arabe, serein.

Il prit possession d'une Suzuki haute sur pattes d'un discret rouge pompier, aux sièges d'une saleté repoussante et aux pneus lisses comme les joues d'un enfant. Le joyau de la collection. Le loueur compta les roues avec soin, désigna avec une fierté visible une roue de secours usée jusqu'à la trame et appela un nouveau venu qui réunit tout son anglais pour dire :

— *You no go in the North. They kill you and steal the car* (1)...

Pour donner plus de poids à ses paroles, il se passa un doigt sur la gorge avec une mimique expressive. Pays hospitalier. Malko jura de ne pas dépasser les limites de Sanaa, omettant de dire qu'il y courait de bien plus grands dangers que chez les tribus insoumises du Nord. Mais, au moins, ses adversaires rendraient probablement une voiture intacte...

Il n'y avait plus qu'à retrouver Oswald Byrnes et se jeter dans la gueule du loup.

Haddah Road filait vers le sud, bordée de bâtiments modernes s'espaçant de plus en plus. Malko se demanda

---

(1) N'allez pas dans le Nord, ils vous tueraient et voleraient la voiture.

— Mr Byrnes, je pourrais avoir deux mille rials d'avance. Ma tante est à l'hôpital et...

— Cinq cents, lança l'Américain d'un ton sans appel.

L'autre disparut.

— Il a déjà enterré sa femme trois fois cette année, soupira Byrnes. Ses tantes, je ne compte plus... Il entretient une douzaine de minets qui passent leurs journées à fumer le qat en l'attendant et cela coûte cher...

— Vous avez confiance en lui ? demanda Malko, inquiet.

— Pas du tout, fit calmement Byrnes, mais l'expérience m'a appris que c'était avec les types comme lui qu'on avait le moins de problèmes. D'abord, je le tiens par le fric. Ensuite, je lui ai promis que s'il trahissait vraiment, il aurait deux balles dans la tête. Ici, ce sont des menaces que l'on prend au sérieux...

C'était amusant de voir ces mots dans la bouche de ce petit bonhomme en apparence doux et paisible. Oswald Byrnes avait des yeux froids et un peu rieurs.

— J'espère que vous avez bien analysé la situation, dit Malko. Pour moi et pour vous.

L'Américain eut un geste fataliste.

— Inch'Allah... Hassan moucharde pour la Sécurité, comme tous les gens travaillant pour les étrangers. Mais il « filtre ». Comme ça, on a la paix. Et surtout, il connaît tout le monde à Sanaa. C'est une fantastique tête chercheuse. Vous verrez, il vous rendra de grands services. A plus tard.

Dehors, Malko retrouva Hassan, debout à côté d'une vieille Toyota Cressida, un sourire complice aux lèvres.

— Sir, venez voir.

Il ouvrit la portière de la Suzuki de location. Malko ne vit rien de spécial... Alors, Hassan prit sa main et la guida sous le siège, d'un geste caressant. Aussitôt, Malko sentit les aspérités de la crosse d'une arme ! Un pistolet avait été fixé sous le siège avec des bandes adhésives. Il suffisait de tirer fort pour le décoller.

— Mr Byrnes m'a dit de prendre soin de vous, dit-il. Ici, les gens sont parfois violents.

— Vous êtes armé ? demanda Malko.

Hassan releva l'arrière de sa large ceinture, exhibant la crosse d'un pistolet glissé dessous.

— Au Yémen, tout le monde est armé.

Il tira sa jambia, faisant miroiter la large lame affûtée comme un rasoir. Un vrai couteau de boucher. Puis, il la rengaina, avec un sourire cruel. Un autre tueur potentiel.

— Allons-y, dit Malko.

La Suzuki eut du mal à suivre la Cressida qui remontait vers le centre de Sanaa. Après un kilomètre, ils tournèrent à droite dans ce qui sembla à Malko une piste du Tibesti. Des maisons étaient éparpillées dans l'immensité caillouteuse, cernées de hauts murs, entre quelques carcasses de voitures et des centaines de vieilles bouteilles en plastique. Des chèvres paissaient une maigre végétation. La Cressida stoppa enfin devant une modeste villa entourée d'un mur blanc et Hassan donna deux coups de klaxon, avant de redémarrer aussitôt.

Malko s'arrêta et descendit. Il appuya sur le bouton de l'interphone, sans résultat. Alors il tapa à la porte de fer peinte en bleu et attendit.

Il allait s'en aller lorsqu'il entendit enfin de l'autre côté du battant des pas faire crisser le gravier.

CHAPITRE III

La porte de fer s'ouvrit sur le visage grimaçant d'un vieux Yéménite aux vêtements si rapiécés qu'il avait l'air d'un épouvantail. Deux jambes maigres émergeaient de la fouta. Il avait les pieds nus et extrêmement sales. La grosse jambia passée dans sa ceinture semblait surtout destinée à l'empêcher de se casser en deux totalement. Ses yeux chassieux fixèrent Malko sans aménité.

— *Aiwa?*

— Miss Assageth?

L'autre eut un geste évasif.

— *La, la...* (1).

Malko le contourna et pénétra dans le jardin, brandissant sa lettre, le vieux accroché à ses basques. Il eut le temps d'arriver au porche et de voir que la maison était fermée, visiblement inhabitée. Assageth, la maîtresse de Jack Penny, n'était plus là. Devant l'imperméabilité du vieux, il battit finalement en retraite. L'autre regarda longuement la Suzuki en train de faire demi-tour.

Malko n'était guère surpris. Même si les Yéménites mentaient au sujet de la disparition d'Assageth, ils avaient dû s'arranger pour que ça ait l'air vrai. Il ne

(1) Non, non.

restait plus que l'autre Ethiopienne, la copine d'Assa-geth.

Il mit près de vingt minutes à regagner le centre tant la circulation était intense en dépit des efforts des policiers en bérets bleus. Il se gara au parking du *Taj* et traversa à pied Ali Abdul Mughni. L'enseigne d'Aber Az Ozhoor s'étalait en lettres grasses soulignées de néon. On y vendait un peu de tout, des vêtements à la parfumerie.

A gauche, c'était le rayon des hommes avec deux vendeurs mâles. A droite, un Cadi (1), tout en blanc, une jambia argent sur le côté, retenue par une ceinture brillante, le parapluie accroché au bras, était en train d'acheter du savon à une toute petite vendeuse à la peau très sombre et aux traits délicats avec de grands yeux de fennec. Comme elle n'était pas voilée, ce ne pouvait être qu'une Djiboutienne ou une Ethiopienne. Malko attendit que le Cadi reparte pour s'approcher d'elle.

— Vous êtes Amabeit ? demanda-t-il de sa voix la plus douce.

La vendeuse lui lança un regard plein d'angoisse.

— *Yes, yes. Why ?*

Sa voix n'était qu'un souffle et, par-dessus l'épaule de Malko, elle observait peureusement les autres vendeurs. Il accentua son sourire.

— Je crois que vous êtes une amie d'Assageth.

Elle se recroquevilla.

— Qui êtes-vous ?

— Un de ses amis. J'ai un message pour elle. Une lettre. Savez-vous où elle se trouve ?

Elle secoua la tête.

— Non, non.

— Mais vous la connaissez ?

— Un peu.

—————
(1) Chef de village.

— Elle est à Sanaa ?

— Je ne sais pas. Excusez-moi.

Elle fila à l'autre bout du magasin et se planta devant une Yéménite voilée enroulée dans ce qui semblait être de la toile à store rayée, arborant l'inévitable marmouk en batik noir.

Les vendeurs commençaient à regarder Malko d'un drôle d'œil. Au Yémen, on ne parlait pas aux femmes... Il ressortit du magasin, méditant sur l'attitude de la jeune Ethiopienne.

Il retourna au *Taj*. Rien d'autre à faire pour l'instant. Les magasins fermaient tous vers deux heures. Il retrouverait Amabeit à ce moment-là. En attendant, il n'avait plus qu'à profiter de la piscine du *Taj Sheba*.

Une dizaine de Yéménites, les yeux hors de la tête, accrochés aux échafaudages d'un immeuble en construction en face du *Taj Sheba*, contemplaient avidement une créature sortie pour eux tout droit des Mille et Une Nuits, offerte à leurs regards sur la pelouse entourant la piscine.

Le bikini en lamé argent semblait prêt à éclater sous la pression de deux seins en poire. D'étonnants yeux bleus émergeaient d'un casque de cheveux noirs coupés en une frange nette. Allongée sur une chaise longue, la jeune femme lisait un magazine sans souci des regards. Une véritable provocation. Un serveur trébucha et manqua renverser son plateau, les yeux rivés à ses cuisses. Pour ces Yéménites, un tel spectacle était un outrage. En Arabie Saoudite, elle aurait été lapidée.

Malko vint s'installer à proximité. Elle lui adressa un sourire de bienvenue, avant de se replonger dans son magazine, se tournant parfois languissamment, comme

pour laisser admirer toutes les courbes de son corps à
ses voyeurs.

Elle se leva enfin et s'étira, faisant saillir ses seins
et sa croupe. L'échafaudage manqua s'effondrer.
Malko croisa volontairement son regard.

— Si vous sortez dans cette tenue, remarqua-t-il,
vous risquez de vous faire violer...

Elle lui répliqua d'un sourire dévastateur et dit
d'une voix éraillée et menue.

— Oh non ! Les Yéménites sont très respectueux
des étrangères. Le plus qu'ils font, c'est de vous
frôler les fesses, dans la rue. Ce n'est pas grave et
puis, cela leur fait tellement plaisir.

Ceux de l'échafaudage étaient prêts à s'entretuer
pour la meilleure place. Encore une somptueuse
garce.

Ses yeux bleus détaillaient Malko avec l'intérêt
d'un entomologiste. Bien qu'elle parle anglais, ce
n'était sûrement pas sa langue maternelle... Il lui
tendit la main.

— Je m'appelle Malko, je suis autrichien.

Elle s'épanouit aussitôt.

— Oh, c'est amusant ! Moi, c'est Andrea. je suis
hongroise, de Budapest, je vais souvent à Vienne.

— Que diable faites-vous ici ?

— Je travaille comme infirmière à l'hôpital de la
Révolution. Un programme d'assistance technique du
COMECOM (1).

D'un geste décidé, elle fit sauter son soutien-gorge,
dévoilant quelques fractions de seconde une poitrine
ferme et bronzée, puis s'enroula dans une serviette.
Tout en se tortillant avec grâce, elle effectua un
strip-tease à l'envers digne du *Crazy Horse Saloon*,
remettant un pull trop serré et une jupe en cuir noir

_____

(1) Equivalent à l'est de la CEE.

incroyablement moulante qui fit un peu plus monter la tension de l'autre côté de la rue...

— Vous partez déjà ? demanda Malko.

Andrea poussa un gros soupir.

— Oui, je dois travailler.

Il se leva aussitôt.

— Je n'ai rien à faire, il vaut mieux que je vous accompagne. Les malheureux de l'échafaudage seraient capables de vouloir réaliser leurs fantasmes.

Le regard bleu s'ombra d'une expression trouble.

— Vous croyez ?

Visiblement, elle ne souhaitait que cela... Après avoir chaussé d'énormes lunettes noires, elle suivit Malko. La Suzuki était un four et elle poussa un petit cri en y prenant place.

— C'est après Bab el Yemen, l'entrée de la vieille ville, dit-elle.

Ils remontèrent Az Zubayri Road, longeant les remparts de terre ocre du vieux Sanaa, hérissé de minarets, émergeant des vieilles maisons en forme de tours carrées et au toit en terrasse, faites de grosses pierres empilées les unes sur les autres, décorées de motifs en plâtre.

L'hôpital de Révolution était un grand bâtiment moderne, à la lisière de la ville, entouré d'un jardin. Andrea fit la grimace.

— Je n'ai vraiment pas envie de m'enfermer là-dedans. On n'a pas de médicaments et les médecins soviétiques sont tout juste des vétérinaires... C'est gentil de m'avoir accompagné. Votre voiture, c'est plus agréable que le bus.

— Vous voulez dîner avec moi, ce soir ? proposa-t-il.

Elle secoua sa frange noire.

— Je termine mon service à onze heures...

— Ça ne fait rien.

— On voit que vous arrivez ! fit-elle. A onze heures,

tout le monde dort à Sanaa. Sauf peut-être le *Shera-
ton*... Mais c'est hors de prix.
— Eh bien, nous irons au *Sheraton*.
Elle parut impressionnée par cette munificence.
— Vous êtes au *Taj Sheba*?
— Oui. Chambre 824.
— Si je peux me dégager plus tôt, je vous appelle,
tchao !
— Et moi, je ne peux pas vous joindre ?
— Non, je n'ai pas le téléphone chez moi et à
l'hôpital, on ne sait jamais dans quel service me trouver.
Les badauds yéménites suivirent des yeux le balance-
ment de la jupe noire. Aux olympiades des allumeuses,
Andrea avait toutes ses chances.
Malko fit demi-tour. Une heure dix. Il fallait se
remettre au travail. La CIA ne le payait pas pour faire la
cour à une Hongroise au Yémen. Même si elle était
ravissante.

*
**

Malko au volant de la Suzuki en plein soleil était cuit
à point quand Amabeit se glissa sous le rideau de fer
d'Aber Az Ozhoor en train de fermer. Elle partit à pied
vers le square At Tahrir, se mêlant à la foule dense.
Malko n'eut aucun mal à la suivre. Arrivée en face de la
poste, elle prit à gauche, traversant la place en biais.
Malko, lui, dut contourner le char soviétique posé sur
un socle de pierre commémorant la victoire des républi-
cains sur les royalistes durant la guerre civile 62-69. Il la
rejoignit au moment où elle s'engageait dans une rue
étroite sans trottoir, bordée par des murs de terre cuite
d'où émergeaient bizarrement des tas d'interphones.
Amabeit tourna brusquement la tête quand la Suzuki
arriva à sa hauteur. A son expression, Malko vit qu'elle
l'avait reconnu.

— Montez, dit-il, je voudrais vous parler.

— Non, non, fit-elle, l'air effrayé.

La Suzuki bloquait le passage et les voitures derrière commençaient à klaxonner. Un soldat en faction devant un bâtiment officiel disparaissant sous un casque soviétique trop grand regardait la scène avec curiosité.

Amabeit se décida d'un coup et d'un bond grimpa à bord de la voiture.

Malko partit au hasard, s'enfonçant dans l'ancienne ville turque, évitant d'énormes trous pleins d'eau. Dès qu'il pleuvait, cette ville poussiéreuse se transformait en cloaque. Parfois, on apercevait par-dessus un mur quelques arbres fruitiers.

— Que voulez-vous ? demanda Amabeit. Comment m'avez-vous retrouvée ?

— Je vous ai suivie, dit Malko. Il faut que je vous parle. Où pouvons-nous aller ?

Elle demeura muette quelques instants puis murmura « à droite » comme ils arrivaient en face de l'ambassade soviétique. Il y avait un panneau « sens interdit ».

— On ne peut pas, remarqua Malko.

— Si, si, insista Amabeit.

Certaines rues étaient plus interdites que d'autres…

Ils débouchèrent en face d'un palais vieillot isolé au milieu de deux hectares de jardins potagers. L'hôtel *Dar al Hamd*. Ils pénétrèrent dans un hall à l'architecture typiquement arabe et Malko suivit la jeune femme dans un petit salon vide. L'hôtel d'un style tarabiscoté avec ses moucharabieh et ses escaliers de pierre en colimaçon semblait désert. Amabeit interrogea Malko du regard.

— Où est Assageth ? demanda-t-il. Je dois absolument la voir.

Amabeit baissa les yeux.

— Je vous ai dit que je ne savais pas… Pourquoi tenez-vous tellement à la voir ? Je ne veux pas d'ennuis.

— Avec qui ?

Silence. L'appel d'un muezzin éclata, tout proche, comme une alerte. Malko observait l'Ethiopienne. Elle était gracile, bien faite, avec des yeux extraordinaires. Une biche traquée.

— Assageth ne m'a jamais parlé de vous.

Malko comprit qu'il fallait faire un pas de plus.

— Elle vous a parlé de Jack Penny ? demanda-t-il.

Le « oui » dit dans un souffle était si faible qu'il fut couvert par le muezzin. Amabeit risqua un œil noir et terrifié.

— Vous le connaissiez ?

— Oui. Vous savez ce qui lui est arrivé ?

Hochement de tête. Recroquevillée dans son fauteuil, elle faisait pitié.

Il posa sa main sur la sienne, brune, ornée d'une petite bague en argent.

— Je veux seulement retrouver Assageth.

— Elle est partie, je ne sais pas où elle est, je vous le jure ! lâcha-t-elle d'un trait.

Elle était sincèrement terrifiée.

— Il lui est arrivé malheur ?

— Je ne sais pas.

— Je dois la retrouver, insista Malko, c'est important.

Amabeit se leva.

— Il faut que je parte. Ne cherchez pas à me revoir, s'il vous plaît.

Il ne restait plus qu'une carte à jouer. Malko tira de sa poche cinq billets de cent dollars et les fit tomber dans le sac de la jeune Ethiopienne.

Elle protesta mollement, mais ne les lui rendit pas. Encourageant.

— Cherchez-la, demanda-t-il. Je suis certain que vous pouvez m'aider.

Elle baissa la tête sans répondre.

— Je viendrai vous voir au magasin, proposa-t-il.

Elle secoua la tête énergiquement.

— Non, non, c'est dangereux !

Leitmotiv.

— Comment vous verrai-je, alors ? Chez vous ?

— Non, je vous téléphone. Donnez-moi votre nom, où vous êtes...

Il griffonna le numéro de l'hôtel et celui de sa chambre sur un bout de papier qui rejoignit les dollars. Amabeit lui adressa un regard suppliant.

— Je m'en vais maintenant. Je vous en prie, vous ne venez plus !

Elle fila comme une souris et il la suivit pensivement du regard. Apparemment, il était sur une bonne piste, mais elle était minée...

Le colonel Mohammed Bazara avait envie d'une femme. C'est une idée qui le taraudait depuis plusieurs heures. Les muezzins s'étaient mis à hurler, appelant à la prière du soir, mais cela ne le distrayait pas de son obsession. Très élégant dans sa saharienne beige, il se sentait en pleine forme. Seulement, il n'avait plus de maîtresse sous la main...

Au volant de sa Mercedes noire aux vitres fumées, il franchit le portail de l'Elham El Makasi, dans la rue barrée par des barbelés. Le grand quadrilatère était gardé jour et nuit par des hommes armés, des projecteurs et même une défense électronique.

Il remonta vers l'ambassade d'Algérie, prit Ring Road et tourna dans une petite impasse pour s'arrêter devant une épicerie.

Abdul le Borgne se précipita sur lui. Bazara murmura quelques mots à son oreille. L'épicier s'esquiva et revint avec un paquet enveloppé de journaux qu'il posa dans les bras du colonel. Une bouteille de J & B vieux de vingt ans. Un cadeau de dix-huit mille rials, au marché noir. Mais l'ami du colonel, le chef des Frères Musulmans, ne supportait que ce whisky... Mohammed Bazara remonta en voiture et réalisa qu'il n'avait pas du tout envie d'aller se saouler la gueule avec son copain.

Il avait envie d'une femme. Férocement.

Machinalement il se dirigea vers la route d'Hodeyda. Lorsqu'il vit les pauvres silhouettes qui s'offraient aux passants, il fit demi-tour, écœuré. Direction Nasser Street, la rue des bijoutiers. Pleine de femmes voilées, mais qui avaient parfois envie d'un bijou. Il se gara devant l'ambassade d'Italie et fit quelques pas.

En vain. Presque tous les bijoutiers étaient déjà fermés et les rares femmes étaient en groupe.

Il reprit sa Mercedes et descendit jusqu'à la place At Tahrir, tournant ensuite dans Ali Abdul Mughni pour repartir vers le sud. En apercevant l'enseigne encore allumée d'Aber Az Ozhoor il eut son éclair de génie. Il se gara et pénétra dans le magasin sur le point de fermer. Amabeit devait encore s'y trouver. Certes, elle était la « fiancée » de son adjoint le capitaine Sharjaq, mais ce dernier ne se formaliserait pas. En plus, le colonel Bazara profiterait de l'occasion pour la terroriser un peu plus, ce qui n'était pas mauvais.

Mohammed Bazara stoppa au feu rouge en face du Haddah Cinema et allongea le bras, posant la main sur la cuisse nerveuse d'Amabeit.

Amabeit le laissa faire, les yeux fixés sur le pare-brise. Il remonta, tâta la poitrine et les hanches, comme pour explorer un bien nouveau. Il adorait deux choses, les Djiboutiennes à la chair ferme et aux seins énormes et les filles menues comme la petite Ethiopienne.

La Mercedes noire quitta Haddah Road au carrefour

menant au palais résidentiel pour une piste défoncée longeant un djebel imposant. Des lumières clignotaient à mi-pente : le club des officiers de la Sécurité, interdit au reste de l'armée. Là où se déroulaient les plus belles orgies de Sanaa. Le whisky y coulait à flots et les femmes n'y étaient pas voilées.

Les cahots effroyables projetaient Amabeit sur lui. Il dut ralentir et un brusque fantasme lui assécha soudain la gorge. Il prit la main droite de la jeune femme et la posa sur lui. Avec docilité, elle commença à le caresser, éveillant instantanément son désir.

D'un brutal coup de volant, l'officier yéménite se gara sur un petit promontoire d'où on apercevait toutes les lumières de Sanaa. Fébrilement, il descendit son zip, se libéra et prenant Amabeit par la nuque, poussa son visage contre son membre déjà dressé. La bouche s'ouvrit et l'engloutit. Il en grogna de plaisir. La fellation était peu pratiquée par les Arabes et cette spécialité étrangère le ravissait. Il murmura, la voix rauque :

— *Tayeb ! Tayeb* (1) *!*

Amabeit faisait de son mieux. Il appuya sur la tête de la jeune femme.

— *Zoud* (2) *!*

Elle obéit et il se sentit monter au ciel, les doigts crispés dans les cheveux noirs. Il se dressa presque sur son siège, avec un râle prolongé. Amabeit l'abandonna. Ce qui provoqua des catastrophes... Furieux, le colonel Bazara lança :

— Donne-moi un mouchoir.

Dans sa hâte, Amabeit renversa son sac. Bazara

(1) Bois, bois.
(2) Vite !

alluma le plafonnier. Son regard tomba sur les billets verts pliés. Il les ramassa et les examina à la lumière, stupéfait. Son désir évanoui d'un coup.

— Qui t'a donné ces dollars ?

Amabeit, paralysée de terreur, bredouilla quelques mots inintelligibles. Le colonel la prit par le cou et la secoua :

— *Qui t'a donné ça ?*

— Un ami, balbutia-t-elle.

— Qui ?

— Je ne le connais pas.

Prise soudain d'une panique incontrôlable, elle ouvrit la portière et sauta à terre.

Le colonel Bazara jaillit à son tour de la voiture et, en trois pas, rattrapa Amabeit.

Sans un mot, il se mit à la gifler à toute volée, puis à la bourrer de coups de pied et de poing. Amabeit tomba roulée en boule, gémissant et suppliant. Dans ce pays, elle n'était qu'une esclave sans aucun droit. Le colonel Bazara pouvait lui tirer une balle dans la tête, la jeter dans le ravin, la mutiler, la torturer, personne n'en saurait rien.

Une jeep passa près d'eux et le Yéménite se dit qu'il risquait de se faire remarquer. Il poussa l'Ethiopienne dans la Mercedes noire et y remonta. Sanglotante, elle se recroquevilla sur son siège.

— Tu vas me dire la vérité !

Il gara sa voiture devant l'esplanade illuminée du club gardé par des hommes de confiance et entraîna Amabeit vers l'arrière du bâtiment. Là, se trouvait une cellule servant à l'interrogatoire de certains prisonniers qui devaient disparaître à jamais. Il n'y avait qu'un vieux matelas posé à même le sol, un vase et des anneaux dans le mur, comme dans une prison médiévale, avec des menottes et des chaînes, en tas par terre.

Bazara poussa Amabeit contre le mur, prit ses

poignets et avec des gestes prestes, fruits d'une longue habitude, lui attacha les deux mains à des anneaux, l'écartelant. Puis il ôta sa saharienne, apparaissant en gilet de corps et prit parmi les instruments qui traînaient un nerf de zébu renforcé de peau de chameau. Un instrument terrible qui, à chaque coup, arrachait un morceau d'épiderme. Lors du dernier complot, il avait littéralement pelé vivant un suspect mort dans des souffrances atroces après que Bazara et son fidèle second, le capitaine Yehia Sharjaq se soient amusés à uriner sur ses blessures à vif.

Au Yémen, les vaincus avaient toujours tort.

— Non ! cria Amabeit.

Le premier coup déchira son chemisier, meurtrissant sa poitrine, comme une brûlure. Bazara levait de nouveau le bras, visant le ventre de l'Ethiopienne quand celle-ci hurla :

— Arrête ! Arrête ! Je vais parler !

L'officier yéménite laissa retomber lentement son bras et se rapprocha.

CHAPITRE IV

Etendu sur son lit, Malko attendait le problématique coup de téléphone d'Andrea. Dix heures et il mourait de faim. Il se donna encore un quart d'heure. Auparavant, il avait pris la Suzuki et avait été rôder autour de la villa d'Assageth. A la faveur de l'obscurité, il avait escaladé le mur d'enceinte, sans apercevoir le moindre signe de vie.

La sonnerie aiguë du téléphone le fit sursauter. Il décrocha. On entendait à peine à travers le bruit de fond. Il reconnut pourtant la voix de l'infirmière hongroise.

— Vous êtes encore là ? Je suis libre dans une demi-heure...

— Je viens vous chercher, fit Malko.

Il raccrocha, le cœur en fête. A travers Andrea, il risquait d'en savoir plus sur l'univers soviétique à Sanaa et, de toute façon, il ne dînerait pas seul. Il prit son temps pour gagner l'hôpital de la Révolution. Les abords en étaient déserts, à part quelques familles campant à même le trottoir sous des tentes improvisées. Venues du bled avec leurs chèvres... Andrea émergea vingt minutes plus tard du grand bâtiment verdâtre et courut jusqu'à la Suzuki. Sans doute pour honorer

Malko, elle avait ajouté des bas noirs à sa tenue déjà sexy.

— On avait opéré un malade qu'on n'arrivait pas à réveiller, dit-elle.

— Vous y êtes arrivés ?

— Non, dit-elle, il est mort...

Un ange passa.

— Où est le *Sheraton* ? demanda Malko.

— Continuez tout droit, Wadi Al Qasr Road, pour rejoindre Ring Road, au nord. Ensuite, c'est à droite.

Très vite, l'asphalte disparut. Ils cahotèrent vingt minutes sur une piste infâme avant de retrouver la civilisation et Ring Road montant vers le djebel Nogum. La circulation était nulle, les barrages pas encore en place. De nuit, Sanaa paraissait presque belle. L'enseigne en néon du *Sheraton* semblait collée à la montagne. A l'intérieur de l'hôtel c'était un autre monde : un immense lustre illuminait le hall plein de boutiques. De la musique montait d'un escalier en colimaçon s'enfonçant au milieu du lobby.

— C'est là, annonça Andrea.

Un restaurant cabaret. C'était presque plein, des Arabes et des Japonais. Ils trouvèrent une table au fond, et venaient tout juste de passer leur commande lorsqu'une créature sculpturale fit son apparition sur la scène. Une grande blonde, les cheveux cascadant sur ses épaules, moulée comme par un gant dans une combinaison en lastex argent qui soulignait ses courbes. La fermeture Eclair, ouverte très bas, laissait apparaître le sillon entre les seins. Un micro au poing, elle commença à chanter en anglais, tournant sur elle-même de façon à bien faire profiter l'assistance d'une somptueuse chute de reins rendue plus attractive encore par le lastex...

— C'est une Roumaine, Elvira Ploesti, souffla Andrea à l'oreille de Malko. Elle est belle, non ?

Les Yéménites devaient en être fous... La chanteuse

descendit dans la salle, s'approchant de chaque table. Elle stoppa en face de Malko, un peu déhanchée et chanta d'une voix rauque *New York, New York*. A première vue, son visage était banal, régulier, avec une grosse bouche et des yeux délavés, pas vraiment provocant. Mais quand Malko croisa son regard, il eut un choc.

Autant les traits d'Elvira Ploesti étaient fades, autant ses yeux reflétaient toute la perversité du monde. Quelque chose qui vous coulait dans l'estomac et brûlait. Puis son regard glissa ailleurs et elle virevolta vers une autre table. Andrea vida son verre de Dom Perignon avec un soupir d'aise.

— C'est merveilleux d'avoir de l'alcool ! Le *Sheraton* est le seul coin où ils en servent, à Sanaa.

— Les Yéménites sont stricts à ce point… ?

— Oh, pas chez eux ! corrigea la Hongroise. L'hôpital c'est un vrai alambic. Et dans presque toutes les soirées locales, il y a de l'alcool à profusion… Mais jamais en public. C'est un monde d'hypocrites. Comme pour les femmes. Ils les transforment en esclaves sous prétexte de religion…

Elle n'avait pas l'air de porter les Arabes dans son cœur. La blonde s'éclipsa après son tour de chant.

— Que faites-vous à Sanaa ? demanda Andrea un peu plus tard.

— Le pétrole.

— Ah, la Hunt !

— Exact.

Au moins une couverture qui marchait. La jeune Hongroise se mit à poser des tas de questions. Heureusement qu'il avait bien appris sa leçon. Malko se demanda soudain si elle n'était vraiment qu'infirmière. Elle jonglait avec les barrils/jour et le marché spot comme un vieux « trader ».

On dansait autour d'eux. Ils gagnèrent la piste et tout

de suite, elle lui fit comprendre qu'il ne lui déplaisait pas. La langueur des ondulations de son bassin était un message très clair. Elle dansait très serrée, le visage enfoui dans le cou de Malko. Hélas, de retour à la table, elle regarda ostensiblement sa montre et s'écria :

— Oh, la la ! Il faut que je rentre. Demain, je me lève à six heures...

Ils achevèrent quand même la bouteille de Dom Perignon. Dehors, l'air était frais. A peine dans la Suzuki, Malko attira Andrea et l'embrassa. La jeune femme lui rendit son baiser avec une passion molle, puis se recula.

— Il y a des gardes ici, je ne veux pas de scandale.

Il démarra et ils descendirent Ring Road désert, à part les barrages symboliques aux carrefours. On laissait systématiquement passer les étrangers. A la hauteur de l'ambassade japonaise, elle dit à Malko :

— C'est là, après le feu rouge.

Un bâtiment moderne de quatre étages.

Ils pénétrèrent dans un hall ouvert à tous les vents, bordé de magasins cachés derrière des rideaux de fer. Andrea s'arrêta devant une porte vitrée protégée par un système à interphone et se retourna vers Malko.

— On va se quitter ici.

Ce n'était pas vraiment l'intention de Malko... Il l'enlaça à nouveau, l'appuya à la porte et ils commencèrent à flirter, Juste comme Andrea s'animait sous ses caresses, elle s'arracha à lui.

— Il ne faut pas qu'on nous voie. Il y a des gardiens quelquefois. A bientôt...

— Je peux vous accompagner ? suggéra Malko.

— Non.

— Venez au *Taj Sheba*.

— Impossible, il y a des mouchards dans le hall, même la nuit.

— Et alors ?

— C'est impossible, fit-elle d'un ton sans réplique.

Elle mit sa clef dans la serrure et poussa la porte. Malko eut le temps de se glisser à sa suite dans l'ouverture avant que la porte ne se referme avec un claquement sec. Andrea, qui avait déjà monté une marche, se retourna.

— Vous êtes fou.

Ils étaient plongés dans l'obscurité. Malko passa un bras autour de sa taille et la pressa contre lui, afin qu'elle se rende compte de son état.

— Je n'ai pas envie de vous quitter, dit-il.

Grâce à la marche, son ventre était exactement à la hauteur du sien.

— Il faut vous en aller, soupira Andrea d'une voix moins éraillée et moins autoritaire.

Elle ne chercha pourtant pas à lui échapper. Leurs bouches se frôlèrent. Peu à peu, à petits coups de langue, Malko lui entrouvrit les lèvres et elle lui rendit son baiser timidement.

Il commença à explorer son corps, très lentement, s'attardant aux seins dressés, descendant vers le ventre. A travers le cuir souple de la jupe, il se mit à la masser doucement. Andrea resta d'abord de glace. Puis, progressivement, son bassin s'anima et à son tour, elle fit suivre à sa main les contours du sexe raidi, respirant de plus en plus fort.

Malko continuait son manège, sachant que désormais, elle ne partirait pas. Leur flirt devenait de plus en plus brûlant. Il réprima une exclamation de plaisir, lorsque Andrea, soudain fébrile, le dégagea pour mieux le caresser, avec de longs mouvements amples. C'était elle maintenant qui poussait son pubis en avant, dont la langue chevauchait la sienne. Ils oscillaient comme deux ivrognes dans l'ombre de l'escalier.

— Montons chez vous, murmura Malko.

Andrea, au lieu de répondre, passa une main sous sa

jupe, et tira son slip vers le bas, se tortillant pour le faire glisser le long de ses jambes et achevant de s'en débarrasser d'un coup de pied. Puis, des deux mains, elle saisit Malko, et basculant son bassin, les épaules appuyées au mur, elle le poussa dans son ventre brûlant et inondé.

Le silence était absolu, à part le bruit de leurs souffles et les froissements de tissu. Le cuir de la jupe, si souple qu'il remontait jusqu'à la taille, permettait à Malko de s'enfoncer en elle profondément, en dépit de la position inconfortable. Andrea fléchit légèrement les genoux, s'empalant si fort que Malko ne put résister. Ils explosèrent ensemble, dans un concert de soupirs et de grognements ravis, puis reprirent leur respiration. Avec précaution, Andrea se dégagea et poussa un ultime soupir.

— Cela faisait deux mois que je n'avais pas fait l'amour. Vous en avez profité...

— Vous aussi, remarqua Malko gaiement. J'espère que la prochaine fois, nous aurons un peu plus de confort.

— C'était bon, fit rêveusement Andrea. Mais je ne sais pas quand on se reverra. Je vous téléphone. Il faut vraiment que j'y aille, maintenant...

Elle ramassa son slip, le fourra dans son sac, effleura les lèvres de Malko et ses talons martelèrent le ciment nu de l'escalier.

Malko ressortit, apaisé et de bonne humeur. Le Yémen réservait de bonnes surprises. Pourvu que ça dure.

*
**

Malko dut faire un brusque écart pour ne pas écraser un Yéménite serrant précieusement contre son cœur une botte de qat. Il franchit le portail du Koweiti-

Yemen Realty Co, et gara sa Suzuki dans le parking réservé à la Hunt, au cas où il aurait été observé. Puis, il gagna à pied le bungalow du chef de station de la CIA. Il avait bien dormi et se sentait en pleine forme. Quelques mécaniciens américains entretenant les Hercules en service dans l'armée de l'air yéménite jouaient aux cartes sous la véranda de leur bungalow.

Oswald Byrnes l'accueillit d'un sourire un peu crispé.

— Je me faisais du souci. Votre contact avec l'Ethiopienne s'est bien passé ?

Malko lui fit un rapport circonstancié, incluant sa rencontre avec Andrea, tout en buvant un café sans goût apporté par la secrétaire philippine, accompagné d'un sourire complice et racoleur, ce qui n'échappa pas à Oswald Byrnes.

— Vous semblez plaire à Corazon, dit-il. Mais votre flirt avec votre Hongroise me plaît moins... En plus de leur fonction officielle, les infirmières ont pour mission d'épouser des Yéménites, d'autres de faire un peu de renseignement, de « tamponner » les étrangers qui peuvent présenter un intérêt aux yeux des Soviétiques.

— C'est possible, reconnut Malko. Je peux éventuellement, moi aussi, en tirer quelque chose...

Le visage d'Oswald Byrnes se ferma.

— Les agents doubles, c'est fini, dit-il avec sécheresse. Vous n'êtes pas ici pour cela et vous avez vu ce qui est arrivé à Jack Penny. Tout ce que vous pourriez en obtenir, si elle pense que vous êtes une cible valable, c'est qu'elle couche avec vous... Ces filles ne possèdent aucune information intéressante pour nous.

— Très bien, dit Malko.

Demeurant persuadé que l'abandon d'Andrea n'avait pas eu que des causes intéressées.

Oswald Byrnes fouillait dans ses papiers.

— Ali Nasser arrive ici dans une dizaine de jours, annonça-t-il. Je viens de voir son émissaire. J'ai promis de lui arranger une livraison d'armes. En attendant une retombée de votre contact éthiopien, c'est vous qui allez vous en occuper.

— Comment ?

— Je vais vous présenter celui sur lequel je compte pour résoudre ce problème. Zaghlool Mokha. Un riche Yéménite qui m'a déjà rendu quelques services.

— Quand ?

— Très vite. Je vais le rappeler.

— Bien, dit Malko, je vais retourner à l'hôtel. Inutile de traîner trop ici.

Malko était en train de rôtir sous le soleil brûlant de la fin de la matinée lorsque le haut-parleur de la piscine cracha son nom.

Ce devait être Oswald Byrnes. Ou Andrea. Il prit le récepteur posé sur le comptoir.

— Allô ?

— Mr Linge ? C'est Amabeit.

Son cœur bondit dans sa gorge.

— Vous avez appris quelque chose ?

— Peut-être, dit-elle. Vous pourriez me voir maintenant ?

— Où ?

— Dans Nasser Road. Devant la boutique du changeur Al Romani. A côté du Musée de l'Armée.

— J'y serais dans cinq minutes, dit Malko.

Il se rhabilla en hâte, sauta dans la Suzuki et vérifia que le pistolet se trouvait toujours sous le siège. Quoique ce rendez-vous ne ressemble pas à un piège : Nasser Road en fin de matinée, c'était le métro... La rue étant en sens unique, il dut effectuer un long détour dans des ruelles étroites et encombrées.

Il aperçut, juste avant d'arriver place At Tahrir, l'enseigne du changeur Al Romani. Il stoppa et, aussitôt, une femme voilée sortit de sous un porche. Elle s'approcha de sa portière et demanda :

— Je peux monter ?

— Pourquoi ce déguisement ? demanda Malko quelques instants plus tard.

— Personne ne doit savoir que je vous vois, dit-elle.
Démarrez.

Il obéit, débouchant place At Tahrir. Amabeit le fit
arrêter en face de la poste.

— Je descendrai ici, annonça-t-elle. Je voulais vous
voir parce que je sais où se trouve Assageth.

CHAPITRE V

Malko eut l'impression d'entendre un chœur céleste. Les cinq cents dollars n'avaient pas été un mauvais investissement. S'il retrouvait Assageth, le mystère de la mort de Jack Penny risquait d'être élucidé très vite.

— Où est-elle ? demanda-t-il.

— A Hodeyda. Elle s'est enfuie de Sanaa, après ce qui s'est passé. Elle a eu peur. Elle travaille dans un hôtel, à l'*Ambassador,* mais il ne faut pas lui téléphoner. Elle veut bien vous voir. Vite, parce qu'elle compte embarquer sur un bateau à destination d'Asmara.

— Où se trouve l'*Ambassador ?*

— C'est le premier sur votre gauche quand vous arrivez à Hodeyda. Un hôtel moderne. Assageth est à la réception. Maintenant, ne revenez pas à la boutique, j'aurais des ennuis. Mon ami est très jaloux.

Elle descendit de la Suzuki et se perdit dans la foule compacte devant la poste. Sans laisser à Malko le temps de lui poser d'autres questions.

Il tourna dans Al Mughni, regagnant l'hôtel. Revenu au *Taj Sheba,* Malko regarda sur la carte où se trouvait Hodeyda. Sur la côte ouest, à environ trois cents kilomètres, de l'autre côté des montagnes.

*

— Je n'aime pas vous voir partir là-bas, fit pensivement Oswald Byrnes. Surtout seul. Mais je ne vois pas comment l'éviter. L'histoire que vous a racontée Amabeit est plausible. Dans tous les cas de figure... Seulement, cela vous fait traverser la moitié du pays.

— Vous pensez que c'est un piège ? Ce serait aussi simple de me tendre une embuscade à Sanaa.

— Oui et non. Si c'est un crime passionnel, vous ne risquez rien. Si c'est autre chose, même Bazara peut difficilement liquider ouvertement deux agents de la Company à Sanaa. Ailleurs, c'est plus discret.

Il était vraiment encourageant...

— D'un autre côté, ajouta-t-il aussitôt, Hodeyda est une plaque tournante pour beaucoup d'Ethiopiens.

— Combien faut-il de temps pour y arriver ?

— Comptez cinq heures. On traverse la montagne et ça tourne beaucoup. C'est plein de camions. Mais la route est bonne.

— Je vais partir tout à l'heure, proposa Malko.

— Non, fit Oswald Byrnes. Demain matin très tôt. Je ne veux pas que vous reveniez de nuit. De toute façon, il vous faut une autorisation pour les barrages routiers. Passez au Bureau du Tourisme. Aucun problème, ils la délivrent immédiatement. Et emportez quelques bottes de qat, c'est le meilleur laissez-passer. Et surtout, revenez !

C'était bien l'intention de Malko.

Il fila aussitôt place At Tahrir obtenir les précieuses autorisations, se demandant s'il ne pourrait pas récupérer Andrea pour sa promenade à Hodeyda. En plus de l'agrément de sa présence, le fait qu'il ne soit pas seul pourrait décourager certaines tentatives. Il ignorait tout de ses habitudes et de ses horaires. Il ne voulait pas attirer l'attention en la demandant à l'hôpital de la Révolution...

Dès qu'il eut son autorisation, il passa à tout hasard à la piscine du *Taj Sheba*. Andrea ne s'y trouvait pas. Malko se dit qu'après tout, il pouvait toujours tenter de la joindre chez elle, en dépit de son interdiction.

Il retrouva facilement l'immeuble où il l'avait raccompagnée et y pénétra.

Déception, la porte donnant sur l'escalier où il avait « violé » la jeune Hongroise était fermée à clef. Il y avait un interphone avec huit boutons comportant uniquement des numéros... Or, il ignorait même à quel étage habitait Andrea. A tout hasard, il appuya sur un des boutons. Personne. Un autre. Pas de réponse non plus. Un troisième, une voix d'homme. Au quatrième enfin, une voix de femme, rogomme, qui lança un *da* sonore. Malko préféra ne pas répondre.

Il sentit soudain une présence derrière lui et se retourna. Une femme au teint blafard, boudinée dans une jupe sans forme, avec d'étranges bajoues, les cheveux comme une tête de loup, le contemplait d'un air peu amène, un sac plein de légumes à la main. Ses petits yeux noirs se vrillèrent sur Malko et elle demanda en mauvais anglais :

— *What you want?*

Malko inventa instantanément une parade.

— *Mr Saraj?*

— *Not here!*

Elle le bouscula presque pour ouvrir, referma avec soin et dans l'escalier se retourna encore pour voir ce qu'il faisait...

Malko battit en retraite. Cette riante créature devait être une des collègues d'Andrea. Une Soviétique Il regagna la Suzuki et s'installa dans la ruelle. Décidé à sacrifier un peu de temps, n'ayant de toute façon rien d'autre à faire.

Plus d'une heure s'écoula. Il commençait à se décourager lorsqu'un bus stoppa en face de lui et Andrea, en jean, en descendit pour s'engouffrer dans une petite épicerie voisine. Lorsqu'elle en ressortit, elle se heurta à Malko. La jeune Hongroise le regarda d'abord avec stupéfaction, puis sourit :

— Qu'est-ce que vous faites ici ?

— J'étais venu vous voir...

— Comment saviez-vous que j'allais rentrer ?

Ses yeux bleus étaient pleins d'interrogations.

— Je l'ignorais, dit Malko. Pourquoi ? C'est un problème ?

— En principe, nous n'avons pas le droit de dire où nous habitons, expliqua-t-elle. Je risque d'être renvoyée du Yémen à cause de vous, ajouta-t-elle d'un ton amer.

— Je suis vraiment désolé, fit Malko avec sincérité. Je voulais vous proposer de venir avec moi demain à Hodeyda. Il paraît que la route est superbe.

Une lueur d'intérêt passa dans les yeux bleus, vite éteinte.

— Je crois que c'est impossible, dit-elle. Je travaille. Maintenant, je dois rentrer. Au revoir.

Elle s'enfuit presque.

Tristement, Malko regagna la Suzuki.

Il cueillait les derniers rayons du soleil à la piscine du *Taj Sheba* quand le haut-parleur crachouilla son nom. On l'appelait au téléphone. L'appareil était décroché près du barbecue.

— Malko !

Une délicieuse coulée d'adrénaline : c'était Andrea.

— Oui ?

— Je suis désolée, dit-elle. J'étais énervée tout à l'heure. Seulement, nous sommes traumatisées par les instructions de notre ambassade. Les Yéménites considèrent toutes les étrangères comme des putains alors nous avons des ordres draconiens pour ne rien faire qui puisse leur donner des soupçons.

— Je comprends, dit Malko. N'en parlons plus.

— Je me suis débrouillée pour me faire remplacer demain, dit-elle très vite. Nous avons droit à un jour de repos par semaine. Si vous voulez toujours de moi. Je ne suis encore jamais sortie de Sanaa.

Malko repensa en un éclair à la mise en garde d'Oswald Byrnes. Le changement d'attitude d'Andrea était éminemment suspect... S'il représentait une « cible » on avait dû lui conseiller d'approfondir leurs rapports... Il se sentit soudain un peu triste. Dans son métier, il fallait toujours se méfier de tout. Parfois, il aurait aimé mener une vie normale.

— Avec plaisir.

— Alors, dit-elle, retrouvons-nous à l'arrêt du bus en face du musée, place At Tahrir, c'est la route.

— Sept heures. Ce n'est pas trop tôt ?

— Parfait, si vous avez des amis yéménites, ne leur en parlez pas. Les médecins yéménites à l'hôpital nous demandent tout le temps de partir avec eux.

— Promis.

Il raccrocha, pesant le pour et le contre de la présence d'Andrea. En plus des raisons « sécuritaires », cela lui donnait un alibi pour son déplacement. Avec une femme, il ressemblait plus à un innocent touriste. Evidemment, il y avait le rendez-vous avec Assageth... Il décida de s'arranger sur place. Il l'abandonnerait un moment sous prétexte d'affaires... Mais il était « tamponné »...

Un dangereux jeu du chat et de la souris. Depuis son arrivée au Yémen, il avait l'impression d'être un démineur tirant avec précaution sur un fil relié à des pièges. A chaque instant, tout pouvait lui exploser en pleine figure, mais il était obligé de continuer l'exploration de son terrain miné.

**
*

— Comme c'est beau ! s'extasia Andrea.

La route attaquait les premiers contreforts du djebel
An Nabi, sinuant au milieu d'un massif montagneux
plein de majesté, sans un arbre, aux couleurs éton-
nantes, allant de l'ocre au mauve dans le lointain. Ils
venaient de passer le dernier check-point après la sortie
de Sanaa et la route asphaltée semblait avalée par les
montagnes entre lesquelles elle se faufilait.

A l'arrière de la Suzuki s'entassaient plusieurs brassées de qat fraîchement coupé. Ce qui avait déjà
grandement facilité le passage du premier contrôle. Le
soldat de garde avait pris sa botte de qat, ravi, et
regardé distraitement le laissez-passer de Malko, en le
tenant d'ailleurs à l'envers...

Malko appuya sur l'accélérateur pour passer un
camion poussif. Presque aussitôt, une Land Cruiser le
doubla à toute vitesse. Par ses vitres ouvertes, il
aperçut des turbans et des armes. C'était enfin le vrai
Yémen. Andrea, sanglée dans un jean et un pull
moulant sa poitrine, paraissait ravie.

Il posa la main sur sa cuisse et elle lui adressa un
sourire complice. Les villages yéménites ressemblaient
à des forteresses, avec leurs constructions en forme de
tours carrées où habitaient toute une famille. Couleur
ocre, se confondant avec le paysage accidenté. Les
cultures en espalier commencèrent à apparaître, une
sorte de Bali aride. Le ciel était d'un bleu cobalt.
Malko se sentit euphorique... Pourtant, en prenant la
Suzuki deux heures plus tôt, il avait quand même
vérifié si son siège ne recelait pas de seringues pleines
de curare...

Andrea arborait une expression parfaitement innocente. Il n'avait pas averti Oswald Byrnes de sa pré-

sence pour son expédition. Il pensa que Jack Penny avait dû se jeter dans la gueule du loup avec les mêmes certitudes.

La Suzuki peinait dans les lacets escaladant le col, le plus haut du Yémen. D'innombrables pistes partaient de la route asphaltée, desservant de multiples villages invisibles, cachés dans la rocaille. Seuls, quelques nuages de poussière signalaient des véhicules sur les pistes de la montagne.

— Regardez ! cria Andrea, stupéfaite.

Elle montrait un piéton sur le bord de la route, Kalachnikov à l'épaule... Tous ceux qu'ils croisaient étaient ostensiblement armés, en plus de la traditionnelle jambia. Parfois des cartouchières impressionnantes en travers du torse. Ils traversèrent un village plein d'activités. Puis la Suzuki attaqua les premiers lacets du second col. Malko regarda dans le rétroviseur. Depuis quelques kilomètres, il avait remarqué une Land Cruiser derrière lui. Bien que beaucoup plus puissante, elle ne le doublait pas... Machinalement, il tâta le pistolet fixé sous son siège. Insouciante, Andrea se remplissait les yeux de la vue magnifique.

La route était de plus en plus belle et sauvage, dominant des vallées rocailleuses. Il atteignit enfin le col et distingua sur sa gauche les hautes maisons carrées ornées de blanc d'une agglomération relativement importante. Andrea vérifia la carte.

— Ça doit être Manakhah, dit-elle. Maintenant on va dans la vallée.

Très loin, à l'ouest, on devinait une plaine ocre clair, la Tihama, la plaine côtière où se trouvait Hodeyda.

La Suzuki franchit le col en ahanant et se mit à redescendre vers la vallée du wadi-shadab. Juste en face de Manakhah, ils passèrent devant une station d'essence et un gros camion citerne en sortit se lançant à son tour dans la descente. Un gros Volvo rouge semi-remorque.

Malko dut se concentrer sur sa conduite car la route était extrêmement périlleuse, pleine de virages en épingle à cheveux qui semblaient avoir été tracés par un ingénieur fou et sadique... Soudain, une masse grise arriva à sa hauteur et le doubla dans un crissement de pneus martyrisés : la Land Cruiser qui se décidait enfin à le dépasser ! Il ne put voir ses passagers car les vitres étaient fumées.

Cette descente dans la vallée était à couper le souffle avec ses lacets taillés dans le basalte noir et comme seuls rappels de la civilisation, quelques carcasses de véhicules divers éclatés dans les ravins. La route, ouverte à la dynamite, était en permanence coincée entre une paroi rocheuse et un précipice.

A la sortie d'un virage, Malko dut freiner brutalement. La Land Cruiser grise était là. D'abord, il crut qu'elle avait stoppé au milieu de la route, chose courante au Yémen, puis il réalisa qu'elle avançait lentement.

Probablement en avarie.

Il donna un coup de klaxon et déboîta pour doubler. Au même moment, la Land Cruiser en fit autant et il manqua l'emboutir. Jurant entre ses dents, il reprit sa droite. Qu'est-ce que fichait le conducteur de la Land Cruiser ? Après un nouveau coup de klaxon, il déboîta encore une fois. La Land Cruiser se déporta immédiatement au milieu de l'étroite chaussée.

Un grondement sourd lui fit jeter un œil dans le rétroviseur : le gros camion citerne rouge sorti de la station-service dévalait derrière lui, tenant toute la largeur de la route.

Un jet d'adrénaline fila dans ses artères : ce n'était plus un simple incident de conduite.

C'était l'embuscade.

CHAPITRE VI

Le gros camion-citerne rouge se rapprochait, dévalant la pente à toute vitesse. La Suzuki allait être prise en sandwich entre la Land-Cruiser et le mastodonte. Malko accéléra, rattrapa la Land-Cruiser et son pare-chocs avant heurta son arrière. Impossible de la faire dévier, elle pesait deux fois plus que la Suzuki.

Andrea poussa un cri :

— Qu'est-ce que vous faites !

— Le camion ! dit Malko. Il essaie de nous écraser.

Elle se retourna et vit l'énorme capot carré du Volvo à quelques centimètres derrière eux. La Suzuki paraissait minuscule à côté de lui. Malko et elle furent brutalement collés à leur siège. Le pare-chocs massif du camion-citerne venait de heurter l'arrière de la Suzuki.

Malko ne perdit pas son sang-froid. Il fallait gagner du temps. La route en lacets continuait au flanc du wadi-shadab sur une trentaine de kilomètres, avant de déboucher sur la Tyhama, en terrain plat jusqu'à la mer Rouge. Malko donna un coup de volant pour doubler la Land Cruiser sur sa gauche, frôlant le précipice.

Le camion-citerne accéléra aussitôt dans un rugissement de diesel, essayant de se glisser entre la paroi rocheuse et la Suzuki, afin de la coincer et de la pousser ensuite facilement vers le précipice. Malko revint préci-

pitamment au milieu et, au passage, se fit arracher une
partie de son pare-chocs arrière, ce qui secoua toute la
légère voiture. Andrea poussa un hurlement.

— Ils vont nous tuer !

Visiblement, elle n'était pas au courant de ce guet-
apens. Livide, elle se retournait sans cesse, accrochée
des deux mains à la barre fixée sur le tableau de bord.

Devant eux, la Land Cruiser accéléra brusquement,
filant sur une des rares lignes droites. Malko n'eut pas le
temps de s'en réjouir.

Son conducteur freina sec et se mit en travers de la
route cent mètres devant lui ! Toutes les portières
s'ouvrirent en même temps et ses occupants sautèrent à
terre.

Le piège se refermait. Le Volvo grondait derrière lui.

Les mains moites, Malko chercha une issue. Il n'en
voyait qu'une.

— Accrochez-vous ! cria-t-il à Andrea.

Il passa le crabotage, comme pour monter une pente,
mettant la plus petite combinaison possible. La Suzuki
ralentit brutalement. Les pignons hurlaient à la mort.
Arrivé tout contre la Land Cruiser, Malko heurta la
carrosserie avec la partie gauche de son pare-chocs
avant, accélérant en même temps. La Suzuki se mit à
trembler, mais la grosse Land Cruiser glissa doucement
sur l'asphalte, poussée par la petite Suzuki. Il était
temps : le camion-citerne arrivait en rugissant. Malko
gagna encore quelques centimètres, puis réussit à se
faufiler entre la paroi rocheuse et l'arrière de la Land
Cruiser. Son rétroviseur extérieur vola en éclats, mais il
passa, de justesse, dans un affreux grincement de tôles,
enfonçant sa portière gauche. Au passage, il aperçut
brièvement les occupants de la Land Cruiser en train de
grimper le talus pour échapper au choc.

Le hurlement des klaxons du camion-citerne rouge le
fit sursauter. Le lourd véhicule n'avait plus l'espace

pour s'arrêter ! Malko, dans son rétroviseur, vit un des occupants de la Toyota rouler dans le ravin, au moment où le camion heurtait la voiture de plein fouet.

Le choc fut effroyable : le pare-brise de la Land Cruiser explosa et le véhicule bascula sur le côté. Une énorme flamme jaillit presque aussitôt de l'arrière, l'enveloppant d'un nuage jaune rouge. Le camion recula, entraînant la Land Cruiser, avança de nouveau, se secouant comme un éléphant aux défenses prises dans une proie. Enfin le chauffeur du Volvo réussit à pousser le véhicule en train de brûler dans le ravin et la boule de feu se mit à dégringoler la pente à pic, laissant derrière elle une traînée noire et semant des bouts de ferraille enflammés...

— Mon Dieu ! s'exclama Andrea, blême.

Le camion s'était arrêté. Les survivants de la Land Cruiser prenaient sa cabine d'assaut.

Les trois klaxons du Volvo retentirent comme un cri de guerre ; l'énorme camion-citerne se remit en route et reprit de la vitesse, talonnant à nouveau la Suzuki.

Malko sentit le picotement de la peur le long de sa colonne vertébrale. La facilité avec laquelle manœuvrait le camion prouvait qu'il était vide. Donc, plus rapide que la poussive Suzuki. Dans les virages, il pouvait encore lui tenir tête mais sur le plat, même avec son avance, il serait rattrapé facilement et l'autre allait le broyer comme une allumette.

Andrea échangea un regard apeuré avec Malko. Ses phalanges étaient blanches à force de serrer la barre d'appui, son visage semblait s'être rétréci. Elle secoua la ête et murmura :

— Je ne comprends pas, qu'est-ce...

— Ils veulent me tuer ! dit Malko. Le plus sûr serait que vous descendiez. Sinon, vous courez le même risque que moi... Plus tard, si tout se passe bien, je vous reprendrai.

L'infirmière hongroise se tassa sur elle-même, encore plus terrifiée.

— Non, non, je ne veux pas rester seule ici.

— Vous arrêterez la première voiture qui passera.

— Non.

Il n'insista pas. Pendant la conversation, il avait ralenti et le camion rouge se rapprochait. Profitant d'une petite ligne droite, il accéléra à fond. Le compteur monta à 110 et se stabilisa : la Suzuki tremblait de toutes ses tôles. Le camion-citerne jaillit du virage, un panache de fumée noire sortant de son pot d'échappement vertical. Le hurlement de son diesel poussé à fond retentit comme un glas aux oreilles de Malko. A la fin de la ligne droite, il avait gagné cinquante mètres.

Virages en épingle à cheveux. Les pneus lisses de la Suzuki dérapaient sur le revêtement en mauvais état et Malko craignait, à chaque courbe, de les voir exploser... Les cahots jetaient Andrea contre lui, elle ne disait plus rien. Il aperçut une piste étroite filant dans la montagne, faillit s'y arrêter pour continuer à pied. Mais il pensa que ses adversaires étaient sûrement armés. Andrea et lui ne feraient pas plus de trois pas.

Le grondement du moteur et les hurlements des klaxons s'acharnaient derrière, impitoyables. Le chauffeur du Volvo ne perdait pas de terrain en dépit du poids du camion-citerne.

Malko croisa une camionnette montant la pente avec difficulté. Les virages étaient moins serrés et le camion commençait à se rapprocher inéluctablement... La paroi rocheuse était toujours aussi abrupte et le précipice le guettait de l'autre côté.

Le camion donna un long coup de klaxon comme pour sonner l'hallali. De nouveau, il roulait à moins de cinquante mètres derrière la Suzuki. Malko, accroché au volant glissant de sueur, n'osait pas penser à ce qui se produirait s'il crevait ou faisait une fausse manœuvre...

Ils seraient écrasés comme des petits pois. Et il ne voyait même pas le visage de ses assassins potentiels tant le mufle du Volvo était énorme. Une machine aveugle et haineuse.

— A gauche ! cria Andrea. Un village !

Malko tourna la tête et aperçut en contrebas les maisons carrées d'un hameau. Le salut, s'ils y parvenaient. Ecrasant la pédale de l'accélérateur, il gagna encore quelques mètres. Le grondement du camion lui emplissait les oreilles, lui vidant le cerveau. Enfin, après un ultime virage en épingle à cheveux, il arriva à l'entrée de la ligne droite en pente douce menant au village. Il poussa une exclamation horrifiée : ce devait être jour de marché : des véhicules divers occupaient toute la longueur des bas-côtés et un monstrueux embouteillage obstruait l'unique rue du village !

Il jeta un coup d'œil dans le rétroviseur : le gros Volvo rouge débouchait à son.tour de la courbe, en pleine accélération !

Quelques centaines de mètres séparaient Malko de l'entrée du village. A gauche, la route était bordée d'un gouffre abrupt, à droite, limitée par une paroi à pic. Aucune échappatoire. Devant lui, une douzaine d'hommes, de dos, poussaient un fourgon en panne. Il arrivait droit sur eux et, même s'il freinait, le camion allait le faire exploser. Cent mètres !

Le chauffeur du Volvo avait sans doute vu la scène, mais il ne pouvait plus stopper... Le hululement sinistre de ses klaxons glaça le sang de Malko. Andrea, pensant au choc inéluctable, hurla. Malko ne voyait plus que l'asphalte qui se déroulait à toute vitesse devant lui et les dos courbés des hommes en train de pousser. Quelques-uns se retournèrent et aperçurent le camion.

Soudain, à sa droite, Malko vit une espèce de trouée dans le mur rocheux. Une sorte d'encoche large de deux mètres, inclinée à quarante-cinq degrés, taillée dans le bas-côté. Peut-être une amorce de piste non terminée.

Encore une quarantaine de mètres...

De toutes ses forces, Malko tourna le volant de la Suzuki vers la droite. Lorsque les roues avant mordirent dans le sol rugueux, il crut que la voiture allait se disloquer ! Les ressorts tapèrent en butée, il dut se cramponner au volant pour ne pas être projeté dans le pare-brise.

D'un geste automatique, Malko remit le crabotage, avec la démultiplication maximum.

Les quatre roues s'accrochèrent désespérément sur l'incroyable pente. Des cailloux jaillissaient sous les roues. Une odeur de brûlé envahit la voiture. La Suzuki progressa encore de quelques centimètres dans un nuage de poussière, en biais, comme un gros insecte maladroit.

Et puis, elle cala !

Un grondement de tonnerre derrière eux. Le camion-citerne venait de passer au ras du pare-chocs de la Suzuki qui se mit à redescendre la pente trop forte pour elle. Malko et Andrea furent projetés contre le toit et la voiture se retrouva en travers de la route, pneus fumants.

Juste au moment où les trente tonnes du camion-citerne rouge écrabouillaient les malheureux en train de pousser le fourgon en panne, réduisaient celui-ci en bouillie avant de s'encastrer dans l'arrière d'un autobus tout neuf !

Malko coupa le contact, livide.

Pendant quelques secondes, le silence fut saisissant. Puis des hurlements éclatèrent venant de partout. Tous les hommes présents se ruèrent en direction du magma de véhicules enchevêtrés dans un envol de foutas marron et de turbans.

Malko crut tout d'abord qu'il s'agissait seulement de secourir les blessés.

Des cris horribles s'élevaient de la masse humaine broyée entre le camion-citerne et l'arrière de l'autre véhicule. Des rigoles de sang zigzaguaient sur la chaussée. Un homme coupé en deux par le lourd pare-chocs du Volvo agonisait, au milieu de la route, secoué d'ultimes spasmes. Un autre, encore coincé dans une gangue de métal, jappait comme un chien écrasé, des sons inhumains à glacer le sang.

Malko descendit de la Suzuki et s'approcha, le cœur sur les lèvres. Maladroitement, des villageois essayaient de dégager les blessés, mais le gros Volvo était trop lourd... Alors, leur rage se tourna contre les occupants du camion-citerne. Une horde de turbans se rua à l'assaut de sa cabine intacte. Des dizaines de mains arrachèrent la portière, extirpèrent du camion le conducteur, le visage ensanglanté par le choc.

Ils le traînèrent au bord de la chaussée, l'agonisant d'injures, le frappant à coups de crosse. Un boucher en plein air qui, quelques instants plus tôt dépeçait un mouton suspendu à un tripode, courut en direction de l'homme en train de se faire lyncher, brandissant un hachoir. Dans un torrent d'injures et de malédictions, il l'abattit sur la tête du conducteur, lui ouvrant le crâne en deux comme une pastèque... Sa rage intacte, il se mit à taper comme un sourd sur le mourant, le découpant vivant...

Une rafale claqua, venant de la cabine du camion-citerne. Ce qui ne fit que décupler la haine des villageois. Ils se précipitèrent à nouveau à l'assaut du lourd véhicule, escaladant le capot, recouvrant la tôle rouge comme des fourmis un morceau de sucre. Le pare-brise éclata sous les coups de crosse des Kalachnikov. On sortit les deux derniers passagers de la cabine, tenant encore leurs armes.

Un des villageois brandit sa jambia et la plongea de toutes ses forces dans la poitrine d'un des occupants du camion. Il continua à frapper comme un fou, sous les clameurs de la foule jusqu'à ce que sa victime ne soit plus qu'un pantin inerte et sanglant.

Le sort du troisième ne fut guère plus enviable. A son tour, il fut égorgé par la jambia d'un jeune homme qui ne devait pas avoir quatorze ans tandis qu'une demi-douzaine d'hommes le maintenaient. Les villageois se calmèrent alors. Un monstrueux embouteillage s'allongeait de chaque côté du village, véhicules abandonnés par leurs chauffeurs qui accouraient à la curée et aux nouvelles...

Peu à peu, l'excitation retomba. Personne ne s'occupa plus des cadavres allongés au bord de la route, sauf les mouches et quelques enfants curieux. Tous s'unirent pour dégager les blessés qui criaient encore. Les plus âgés rétablirent un semblant d'ordre. Le soleil tapait d'une façon infernale. Le camion-citerne avait renversé au passage des étals de qat et les branches jonchaient la chaussée. Pendant cette scène, Andrea était restée appuyée contre Malko, tremblant de tous ses membres. Personne ne s'était intéressé à eux. Malko se dégagea doucement et essuya la sueur qui couvrait son front.

— Nous l'avons échappé belle ! dit-il.

La tête dans ses mains, Andrea pleurait nerveusement. Leurs regards se croisèrent et brusquement, elle se jeta dans ses bras.

— Mon Dieu, vous m'avez sauvé la vie ! murmura-t-elle.

Il avait sauvé la sienne en même temps. Maintenant, il fallait repartir. Les villageois n'avaient absolument pas lié leur présence au carambolage et ce n'étaient pas les occupants du Volvo qui les mettraient sur la piste...

Des volontaires essayaient de démêler l'inextricable embouteillage. Ils réussirent enfin à dégager un passage parmi les véhicules où Malko put se faufiler. Andrea se taisait, le regard fixe, réprimant un tremblement de tout son corps. Il posa la main sur sa cuisse.

— N'ayez pas peur, dit-il. C'est fini maintenant, tout va bien.

La route filait à présent tout droit vers la mer Rouge, au milieu de dunes jaunâtres, après avoir traversé des bananeraies, insolites dans ce pays désertique. La Tihama était hideuse et plate, les panneaux indicateurs sur le bord de la route rédigés parfois en caractères cyrilliques. Souvenir de ceux qui l'avaient construite, les Soviétiques. Ils abordèrent enfin Hodeyda, passant sous des arcs de triomphe en bois vantant tantôt la Révolution tantôt les mérites de la firme Toyota. La chaleur était accablante, lourde et humide. Andrea semblait avoir un peu récupéré et, les yeux mi-clos, somnolait sur son siège.

— C'est laid, Hodeyda ! dit-elle.

Des bâtiments modernes mal construits s'allongeaient de chaque côté de la route. Sur sa gauche, Malko aperçut le panneau de l'hôtel *Ambassador*. Un building jaunâtre et décrépit.

— Nous allons nous reposer un peu, proposa-t-il.

Andrea ne discuta pas. Ils pénétrèrent dans l'hôtel. L'intérieur sentait le moisi, le bar désert était sinistre. Malko commanda des jus d'orange à un barman endormi.

— Je me sens mal, dit soudain Andrea. Je crois que je vais m'évanouir.

Malko demanda une chambre à la réception et laissant la jeune Hongroise se reposer, il partit aux nouvelles. Un billet de cent rials délia la langue du concierge.

Non, il ne connaissait personne du nom de Assa-geth, ni comme cliente ni dans le personnel. En cette saison, l'hôtel était vide.

Malko n'insista pas. Les auteurs du guet-apens ne pensaient pas qu'il atteindrait Hodeyda et n'avaient pas pris la peine de faire un montage... C'était bien sûr les assassins de Jack Penny.

Après avoir examiné la Suzuki en triste état et s'être assuré qu'aucune partie vitale n'était abîmée, il alla retrouver Andrea.

Elle paraissait dormir, allongée, nue sur les draps douteux. Il prit une douche et la rejoignit.

Elle ouvrit les yeux et se blottit contre lui, de tout son corps. Ils demeurèrent longtemps immobiles et silencieux. Puis, réflexe habituel après le danger, Malko sentit son désir s'éveiller.

Andrea s'en rendit compte et commença à onduler tout doucement, comme la première fois où ils avaient fait l'amour dans l'escalier. Quand Malko la pénétra, elle noua ses bras autour de lui, accrocha ses jambes dans les siennes, remua de plus belle, l'amenant très vite à l'explosion.

Elle-même retomba sans avoir joui.

— Excuse-moi, murmura-t-elle. J'ai eu trop peur.

Elle resta dans ses bras, le ramenant contre elle dès qu'il s'écartait. Plus tard, elle soupira :

— Ce serait bien de rester ici, de ne pas revenir à Sanaa...

Ce que Malko avait vu d'Hodeyda n'en faisait pour-tant pas un lieu idéal pour lune de miel.

— Pourquoi ? demanda-t-il.

— Je suis bien avec toi. A Sanaa, ce n'est pas la même chose.

— Ah bon ?

La voix éraillée était devenue celle d'une petite fille.

— Oui, là-bas, je ne fais pas ce que je veux, expliqua-t-elle.

— Pourquoi as-tu accepté de venir après avoir dit non ?

— Notre responsable politique m'a conseillé d'aller avec toi et de lui dire ce que nous ferions. Ensuite, elle écrira un rapport...

Cette franchise prouvait que le danger couru ensemble avait brisé un mur.

— Je vois.

Ils demeurèrent silencieux un long moment puis elle demanda timidement :

— Ce qui s'est passé ce matin, qu'est-ce que c'est ?

Malko ne répondit pas tout de suite. Difficile d'avouer à une espionne de l'Est qu'il était un agent de la CIA. Elle ne pouvait pas croire à un accident. Il fallait trouver des explications plausibles...

— Les tribus ne sont pas vraiment pacifiées, loin de Sanaa, dit-il. On m'avait prévenu qu'on pouvait être attaqué sur la route. Ils veulent vous voler. Et dans notre cas, peut-être te violer aussi... Les femmes sont rares au Yémen.

Il avait adopté un ton volontairement léger. Andrea ne parut pas vraiment convaincue par son explication.

— Nous devons repartir, dit Malko, afin de rentrer avant la nuit.

Andrea ne lui demanda pas ce qu'il était venu faire à Hodeyda.

Ils quittèrent l'*Ambassador* quelques minutes plus tard et Malko vit Hodeyda s'éloigner sans déplaisir. Cette fois, le fil qu'il tirait avait bien failli le tuer. La clef du mystère se trouvait à Sanaa. Chez Amabeit qui l'avait sciemment envoyé au massacre.

Elle devait savoir pourquoi Jack Penny était mort. Malko devait tirer de nouveau sur ce fil-là, même s'il était piégé.

. Avant qu'Amabeit ne disparaisse comme son amie Assagéth. Chaque minute comptait. Peut-être que les organisateurs du guet-apens ignoraient encore qu'il avait échoué.

C'était une course mortelle contre la montre.

CHAPITRE VII

La nuit était tombée brutalement, alors que la Suzuki escaladait les derniers lacets de la route « coréenne » ainsi nommée parce qu'elle avait été offerte au Yémen par la Corée du sud. Elle rejoignait, cent kilomètres après Hodeyda, la route Sanaa-Taez, évitant tout le massif montagneux où Malko et Andrea avaient failli périr.

Ce dernier, accroché à son volant, luttait contre la fatigue des dix heures de route, poussant la Suzuki à ses limites. Il n'avait plus qu'une obsession : arriver à temps à Sanaa pour intercepter Amabeit à la fermeture du magasin. Une chance subsistait que l'instigateur de l'attentat ignore encore son échec.

Andrea somnolait, recroquevillée sur son siège, épuisée nerveusement. Tandis qu'il évitait les plus gros trous, les événements des dernières heures se téléscopaient dans la tête de Malko. Il revoyait le mufle du camion-citerne à sa poursuite, puis les scènes d'horreur au village, et l'expression terrifiée d'Andrea avant l'accident.

Il déboucha enfin sur la route Taez-Sanaa et se mêla à un flot de camions. Ses phrases éclairaient à peine et il frôla plusieurs fois l'accident. En dépit du risque, il garda le pied au plancher. Demain, ce serait trop tard pour retrouver Amabeit.

Andrea se réveilla comme ils atteignaient enfin Ring Road. Elle cligna des yeux devant les lumières de Sanaa. Les klaxons semblaient l'étourdir après le silence de ce désert. Malko dévala l'avenue Ali Abdul Mughni à toute allure, coupant au plus court pour la déposer chez elle.

— Je suis absolument désolé de ce qui est arrivé, dit-il une fois arrivé.

La jeune Hongroise eut un faible sourire.

— Ça ne fait rien. Je n'en parlerai pas. Je dirai que tout s'est bien passé. Mais il vaut mieux ne pas nous voir pendant quelques jours.

Ils s'embrassèrent, mais il la sentait ailleurs. Lui non plus n'avait pas la tête au flirt. A peine fut-elle descendue qu'il repartit pied au plancher, direction le magasin Aber Az Ozhoor. Déception : le rideau bleu était fermé ! Et il ignorait où demeurait Amabeit. Il n'avait plus qu'une chose à faire : demander l'aide d'Oswald Byrnes. La villa de l'Américain se trouvait en face de l'Usis.

Il eut du mal à retrouver la villa. Un Ascari de garde le fit entrer et l'Américain surgit en kimono, son éternel verre de J & B à la main.

— Vous avez bien failli ne pas me revoir, annonça Malko.

L'Américain écouta le récit avec attention.

— J'avais raison, conclut-il, ce n'était pas un crime passionnel. Il faut mettre la main sur cette fille. Si elle est encore vivante.

— Comment ?

Les deux hommes demeurèrent muets un long moment dans le silence, troublé seulement par le bruit des glaçons qui s'entrechoquaient dans le verre de l'Américain et l'aboiement de quelques chiens au loin. Soudain, Oswald Byrnes claqua des doigts.

— Hassan ! fit-il. Il va nous aider.

Hassan s'empiffrait dans la cuisine. Il entra, avalant encore son riz et Oswald Byrnes lui exposa le problème. Le Yéménite ôta son bonnet pour se gratter la tête.

— Ce n'est pas facile, dit-il. Si vous n'avez pas l'adresse...

— Si ça l'était, laissa tomber Oswald Byrnes, je n'aurais pas besoin de toi.

Le visage du Yéménite s'éclaira soudain.

— J'ai une idée ! Si cette fille travaille un peu avec son cul, Nabil El Khouri la connaît sûrement. Il sait peut-être où elle habite.

— Qui est Nabil El Khouri ? demanda Malko.

— Une horreur, fit l'Américain. Un Libanais restaurateur, proxénète, usurier, impresario, trafiquant et j'en oublie. Il procure des filles à tous les Yéménites qui ont les moyens, en les faisant parfois même venir de l'étranger. Comme Sanaa est petit, il doit connaître cette Ethiopienne. (Tourné vers le Yéménite, il ajouta :) Très bien, commence par lui.

— Cela va coûter de l'argent, remarqua Hassan d'une voix plaintive.

— Si tu réussis, je ne discuterai pas, répliqua l'Américain.

La perspective du gain illumina le cerveau du Yéménite.

— Je dirai à Nabil que Mr Linge avait un rendez-vous avec cette fille. Qu'il est arrivé en retard et qu'il veut la retrouver pour ne pas passer la soirée seul... Qu'il aura cinquante pour cent du cadeau de la fille.

— Tu sais où le joindre ?

— A cette heure-ci, il est à son restaurant.

— Allons-y, dit Malko, il n'y a pas une minute à perdre.

Il sortit, Hassan sur ses talons, et prit place dans la Cressida du Yéménite qui sentait le qat et l'urine. Mais il avait les reins brisés par la Suzuki sans ressorts. Si seulement Budget avait existé à Sanaa...

Dix minutes plus tard, Hassan stoppait au coin d'une ruelle longeant l'enceinte de la Banque Centrale. Une enseigne annonçait en français et en arabe « Restaurant libanais ». Une gargote dans une petite rue sombre, en face du *Taj Sheba*. Le rez-de-chaussée était vide. Hassan échangea quelques mots à voix basse avec un cuisinier d'une saleté repoussante, puis annonça :

— Nabil est en haut, venez.

Dans l'escalier, il se retourna, la main tendue.

— Vous avez un peu d'argent ?

Difficile de discuter. Malko donna mille rials.

Le premier étage était si bas de plafond qu'on pouvait à peine s'y tenir debout. Dans un coin, un gros homme aux bajoues mal rasées, la chemise ouverte sur un poitrail velu, la paupière glauque, bâfrait des keftas arrosées de Pepsi-Cola. Son regard s'éclaira en voyant Hassan et les deux hommes s'étreignirent avec des sourires bien abjects. On présenta Malko, le noble étranger amateur de chair fraîche... Complicité baveuse du Libanais.

Chuchotis, rires gras, mais Nabil El Khouri était réticent. Un billet de cent rials changea de main, puis un autre et enfin un troisième. L'œil allumé, le Libanais se demandait à combien il pouvait évaluer la lubricité de Malko. Celui-ci, agacé par la longueur des pourparlers, demanda :

— Il ne veut pas ?

— Si, si, affirma Hassan, mais il est inquiet. Il connaît cette fille, il dit qu'elle est la maîtresse d'un officier de la Sécurité, le capitaine Sharjaq. C'est lui qui l'avait signalé à l'officier, en attendant de lui trouver une blonde, son rêve.

Hassan continua son siège. A sept cent rials, Nabil El Khouri céda enfin, et, avec un soupir de matrone hypocrite, commença à griffonner un plan sur la table. Malko retenait son souffle.

Enfin, il eut droit à une poignée de main graisseuse et à un clin d'œil canaille. Ils ressortirent du restaurant. Hassan avait gagné sept cents rials sur ce coup.

— Vous le connaissez bien ? interrogea Malko.

Hassan eut un petit sourire ignoble.

— Oh, il procure de tout.

Evidemment, si Malko avait réclamé des gitons, c'eût été plus facile. Ils reprirent place dans la Cressida et tournèrent aussitôt dans Az Zubayri Road, puis à gauche dans une ruelle défoncée, arrivant à une zone de vieilles maisons dans des rues sans nom. Hassan demandait son chemin tous les dix mètres. Le dernier sollicité fut un épicier qui sortit pour montrer une baraque en ruine, avec force explications.

— C'est là qu'elle habite, annonça Hassan, au rez-de-chaussée. Je vous attends.

La maison n'était pas terminée ou à demi écroulée, on ne savait pas très bien. Malko frappa à une porte de bois clouté très basse. Il y avait de la lumière à l'intérieur. Le battant s'ouvrit presque aussitôt sur Amabeit.

Vêtue d'une jupe noire et d'un chemisier gris, pas maquillée, les traits tirés, elle ressemblait à un fantôme. Le sang se retira de son visage et elle demeura figée sur le pas de sa porte. Malko la repoussa à l'intérieur.

— J'ai été à Hodeyda, dit-il, mais je n'ai pas trouvé Assageth. Par contre, on a failli me tuer.

En peu de mots, il raconta le guet-apens.

Amabeit s'appuya à une table, livide. Malko se planta en face d'elle et, posément, sortit son pistolet.

— Qui vous a dit de m'envoyer à Hodeyda ?

Les yeux agrandis par la terreur, un cercle blanc autour de la bouche, Amabeit baissa la tête et ne répondit pas.

*
**

Le capitaine Mohammed Bazara était en train d'écouter du Beethoven sur un walkman, allongé sur le canapé de son bureau lorsqu'on frappa à sa porte. Il ôta ses écouteurs, lissa ses cheveux frisés avant d'aller ouvrir. D'après la tête de son interlocuteur, le chef de ses hommes de main, il sut immédiatement que les nouvelles étaient mauvaises.

Il écouta d'une oreille distraite le récit geignard de son subordonné, puis le congédia et se rua sur le téléphone.

Par chance, son adjoint Yehia Sharjaq était chez lui. A mots couverts il le mit au courant du problème et conclut :

— Il faudrait tout de suite prévenir notre amie. Ce serait mieux que tu y ailles, toi...

Sharjaq n'avait pas envie de discuter.

— Je l'avais prévu, dit-il.

Après avoir raccroché, Mohammed Baraza reprit sa place sur son canapé, mais sans walkman. Il avait besoin de réfléchir. La petite imprudence du début était en train de prendre des proportions catastrophiques. Il pouvait encore colmater une brèche, mais pour la suite, il avait besoin des conseils d'Oleg Kopecki.

La présence de ce nouvel agent de la CIA à Sanaa était un élément hautement perturbateur. D'autant qu'il était toujours vivant et, maintenant, persuadé d'être sur la piste de quelque chose d'important.

*
**

Malko força Amabeit à lever la tête.

— Dites-moi la vérité.

Amabeit regardait le pistolet, terrorisée. Il en eut presque honte. Il dut penser aux seringues de curare et au camion fou pour garder une attitude sévère.

— Que voulez-vous? balbutia-t-elle. Je ne comprends pas ce que vous me racontez. Vous n'avez pas trouvé Assageth?

Sa voix croassait.

— Assageth est très probablement morte et vous le savez très bien, dit Malko.

Les grands yeux noirs étaient fixes, comme ceux d'un oiseau fasciné par un reptile. Malko s'approcha encore d'elle.

— Amabeit, je peux vous protéger si vous me dites la vérité. Qui vous a demandé de m'envoyer à Hodeyda?

Des secondes interminables de silence puis la voix fluette :

— Le colonel Bazara. L'ami de mon boy-friend.

Ses défenses psychologiques avaient cédé sous la peur. Son regard ne quittait pas le pistolet. Malko savait qu'on terrifiait facilement ce genre de femme. Amabeit était une victime, elle aussi, prête à se rallier au plus fort.

— Qui est votre boy-friend?

— Yehia Sharjaq.

Cela confirmait l'information de Nabil El Khouri.

— Comment Bazara a-t-il su que vous me connaissiez?

— Il a trouvé les dollars sur moi. Il m'a torturée pour me faire avouer où je les avais eus...

— Et ensuite?

— Il m'a dit que vous étiez un espion américain. Que si je ne collaborais pas avec lui, je disparaîtrais comme Assageth...

— Elle est morte, n'est-ce pas?

Amabeit baissa la tête sans répondre.

— Vous étiez très liée avec Assageth ?

Le visage de l'Ethiopienne s'éclaira un peu.

— Oui. Nous étions venues ensemble d'Addis Abeba. Elle était secrétaire à l'ambassade d'Ethiopie à Sanaa. Grâce à son ami, le colonel Bazara, elle m'a trouvé une place chez Aber Az Ozhoor. Ensuite, elle a cessé de travailler.

« Un jour, elle est venue à la boutique avec son ami, le capitaine Sharjaq, et elle m'a conseillé de sortir avec lui...

— Et alors ?

— J'ai accepté. Mais il n'était pas gentil. Il répétait qu'il n'aimait que les femmes grandes et blondes comme les Européennes. Et que moi, je ressemblais à une olive noire...

Un homme qui savait parler aux femmes...

— Vous fréquentiez Sharjaq ou Bazara ?

— Sharjaq, mais quand Bazara me demande, je ne peux pas refuser. Il est trop puissant.

— Et Jack Penny ? Vous le connaissiez bien ?

— Non, mais Assageth m'en avait parlé. Elle était amoureuse de lui. Elle le recevait une fois par semaine dans sa maison en grand secret.

— Pourquoi a-t-il été tué ?

— Je ne sais pas.

Le silence retomba. Malko n'avait pas appris grand-chose. A part la confirmation de l'implication de Bazara dans le guet-apens. Ce qui faisait voler en éclats la thèse du crime passionnel.

Amabeit glissa le long de la table, le regard en coin, et dit d'une voix imperceptible et pressante :

— Je vous en prie, partez, il va venir...

— Qui ?

— Mon boy-friend, Yehia.

— Pour quoi faire ?

— Je dois dîner avec lui.

— Où ?

— Dans la maison... celle où habitait Assageth. Elle appartient au Club des Officiers.

Malko baissa son pistolet. Atterré.

— N'y allez pas, dit-il. Il va vous tuer. Je veux vous emmener et vous cacher.

— Non, non, fit-elle, butée.

Il s'énerva, la prit par le bras.

— Mais enfin, vous êtes aveugle ! Il va vous arriver la même chose qu'à Assageth.

Elle se dégagea.

— Non, je ne vous crois pas. Partez, je vous en prie. Il va venir.

— Partez avec moi, insista Malko. Vous êtes en danger de mort.

Elle se rapprocha de lui, le repoussa des deux mains sur sa poitrine.

— Non, non, je ne veux pas perdre mon travail. Partez !

Elle s'était mise à pleurer, les traits déformés par la peur. Malko se laissa repousser dehors. Il ne pouvait quand même pas la kidnapper.

Hassan l'attendait dans la Cressida en fumant une cigarette. Il allait mettre en route, mais Malko l'arrêta.

— Attendez, nous restons là.

Il était bouleversé par l'entêtement stupide d'Amabeit. Qui risquait de lui coûter la vie.

Une grosse Nissan Patrol stoppa devant la maison d'Amabeit. Un homme de haute taille en émergea et passa dans le faisceau des phares. Malko aperçut une moustache, un menton empâté et un estomac proéminent.

L'homme ressortit presque aussitôt, Amabeit trottinant à côté de lui. Ils remontèrent dans la Nissan qui
démarra.

— Suivez-les, ordonna Malko à Hassan.

Le Yéménite n'était pas chaud, mais il s'exécuta. Le
capitaine Sharjaq conduisait très vite, fonçant dans les
petites ruelles, laissant un nuage de poussière derrière
lui. Il rejoignit Az Zubayri Road, tourna ensuite à
gauche dans Haddah Road, vers le sud, puis, en face de
la route menant au palais présidentiel, il emprunta une
piste longeant un djebel, et enfin, bifurqua pour grimper le long d'un sentier à flanc de montagne. Hassan
stoppa net.

— Je ne peux pas le suivre là-bas, dit-il. C'est le
chemin qui mène au Club des officiers du Moukhabarat.
C'est interdit aux civils.

Malko regarda les feux rouges de la Nissan s'éloigner
dans la montagne. Horriblement angoissé par le sort
d'Amabeit. A cette heure, ceux qui avaient organisé le
guet-apens devaient savoir qu'il avait échoué et que
Malko était vivant.

— Retournons chez Mr Byrnes, dit-il.

*
**

Oswald Byrnes, les yeux légèrement injectés de sang,
sirotait son J & B, ses pieds nus sur la table basse devant
lui. Son kimono s'était ouvert, exposant son estomac
blanc et proéminent. Il posa son verre, ôta ses lunettes
et les essuya distraitement.

— Tout cela sent très mauvais, laissa-t-il tomber.
Pour que Bazara monte un attentat contre un agent de
la Company, il lui faut une sacrée raison. Or, je n'en
vois aucune officielle. Autrement dit, il roule pour lui.

— Vous pensez à un complot intérieur ?

— Quelque chose comme cela. Mais Bazara n'a pas

les épaules assez solides pour faire ça tout seul. Or, il est
très lié aux Popovs. Je me demande quel coup tordu ils
préparent ensemble.

— Un trafic quelconque ? suggéra Malko.

Oswald Byrnes secoua négativement la tête.

— Les Popovs ne se mouillent pas dans ce genre de
truc. Trop risqué pour eux. Non, c'est politique.

« Moscou n'aime pas tellement Abdullah Saleh, le
président de ce pays. D'ici qu'ils soient en train de tramer
quelque chose pour le foutre en l'air...

— Et personne ne bougerait ? demanda Malko.

L'Américain eut un geste d'impuissance.

— Que faire ? Nous n'avons pas de troupes dans ce
pays. S'il y a un coup d'État, on enregistre, c'est tout. Les
seuls à posséder une puissance militaire, ce sont les
Saoudiens, mais ils détestent les Yéménites. Ils se sont
déjà mouillés dans la précédente guerre civile et ils l'ont
perdue. Il suffirait que les Popovs leur donnent des
assurances diplomatiques pour qu'ils regardent de l'autre
côté. Dans ce cas, le vieux rêve de réunification des deux
Yémen au profit des Soviétiques serait réalisé à court
terme, avec deux hommes à eux, à la tête des deux pays.

— Si c'est si facile, objecta Malko, pourquoi ne l'ont-
ils pas déjà fait ?

Oswald Byrnes frotta l'un contre l'autre son pouce et
son index.

— L'argent. Le Sud-Yémen est horriblement pauvre
et jusqu'à ce jour, le Nord-Yémen était sans ressources
également. Seulement, dès la fin de l'année prochaine,
les Nord-Yéménites sortiront quatre cent mille barils par
jour, grâce à la Hunt Oil. Le pays ne serait plus une
charge financière pour les Soviétiques.

Malko but son café froid et infect, préparé pourtant
avec amour par une Djiboutienne mafflue et rieuse.

— Pourquoi ne pas prévenir le président Saleh ?
suggéra-t-il.

— Si je n'ai rien de plus précis à lui apprendre, c'est impossible. Il sait qu'il est assis sur un volcan. Au Yémen, les chefs d'Etat meurent rarement dans leur lit. Il prend déjà toutes les précautions possibles et imaginables. Il ne dort jamais deux fois de suite au même endroit, et dispose d'une douzaine de lieux sûrs en ville, en plus de son palais. Lorsqu'il se déplace, c'est dans un convoi d'une vingtaine de Mercedes, protégées par autant de Toyota bourrées de gardes. On ignore dans quelle voiture il se trouve. Il choisit au dernier moment. Les hommes de sa garde personnelle viennent tous de son village. Grassement payés.

— Bref, il est invulnérable ! conclut Malko. Dans ce cas, nous pouvons dormir sur nos oreilles et je retourne à Liezen m'occuper de mes vieilles pierres.

Oswald Byrnes soupira.

— Vous savez bien que *personne* n'est invulnérable. Il suffit d'une idée bien vicieuse.

Il bâilla.

— Je vais me coucher. J'ai une réunion avec notre ambassadeur demain à sept heures. Il n'y a rien de plus à faire ce soir.

— Je vais essayer de contacter Amabeit demain matin. Elle en sait sûrement plus sur les raisons du meurtre de Jack Penny.

— Si vous la trouvez..., fit Oswald Byrnes d'un ton plein de sous-entendus.

L'Américain accompagna Malko à la porte du jardin. L'air était frais, les étoiles brillaient dans le ciel pur et les chiens errants se battaient dans un concert d'aboiements rauques. Malko reprit le volant de la Suzuki, la gorge nouée par l'angoisse, espérant qu'ils se trompaient tous les deux sur le sort d'Amabeit.

**

Amabeit n'était toujours pas arrivée quand Malko ressortit pour la troisième fois d'Aber Az Ozhoor, assourdi par le bruit de la circulation sur Al Mughni. Il avait mal et peu dormi, n'arrivant pas à chasser la jeune Ethiopienne de son esprit.

Il traversa, récupéra la Suzuki garée devant le *Taj Sheba* et fila vers Az Zubayri Road, s'engageant dans la ruelle longeant l'ambassade de Corée. Il mit près de vingt minutes à retrouver la maison d'Amabeit. De jour, le quartier avec ses masures à demi écroulées, grisâtres, ses ruelles défoncées, était encore plus sinistre, malgré le soleil éclatant. La porte d'Amabeit était fermée à clef et personne ne répondit.

Malko, de plus en plus angoissé, prit alors la direction du sud. Il restait un seul point à vérifier.

La villa où avait demeuré Assageth se dressait toujours dans son no man's land... Malko sortit de la Suzuki et se dirigea vers la porte bleue. Il s'arrêta, surpris : elle était entrouverte. Avec précaution, il la poussa du pied. Elle grinça et s'ouvrit un peu plus. Une odeur de jasmin flottait dans l'air. Il retourna dans la Suzuki prendre son pistolet. Tout cela était bien bizarre.

Il se glissa à l'intérieur du jardin et le parcourut des yeux. Son regard s'immobilisa sur une colonne de pierre, en face de la véranda. Une tête était posée dessus.

Mais pas une sculpture de marbre. Une tête humaine. Celle d'Amabeit.

CHAPITRE VIII

Horrifié, Malko s'approcha de l'abominable objet.
Amabeit avait les yeux clos. Elle n'avait sûrement pas
été décapitée sur place, car il n'y avait aucune trace de
sang sur la colonne. Quelques mouches virevoltaient
autour du macabre débris, se posant parfois sur la chair
morte. Malko, au bord de la nausée, se retourna vers la
porte bleue. Certain que cette mise en scène lui était
destinée.

Il battit en retraite, craignant que le piège ne soit à
double détente et ne respira un peu mieux qu'éloigné de
la maison. Comme un automate, il prit la direction du
lotissement où officiait Oswald Byrnes. Cette fois, le fil
qu'il tirait était définitivement rompu. Les deux seules
personnes à pouvoir éclairer le meurtre de Jack Penny
étaient mortes. Lui était repéré et, de toute façon, ne
savait pas comment continuer son enquête.

— Qu'est-ce qui vous arrive? demanda Oswald
Byrnes, en voyant entrer Malko dans son bureau. Vous
êtes vert...

Il se laissa tomber dans le fauteuil en face du bureau.

— J'ai des raisons...

Et il raconta sa macabre découverte.

— *Oh, my God!* fit l'Américain. Ce sont vraiment
des animaux...

D'un geste automatique, il prit sa bouteille de J & B posée par terre et en avala une rasade au goulot... Malko aurait donné une aile de son château pour une grande vodka bien glacée. Il se dit qu'il faisait vraiment un métier abominable. Indirectement, c'est lui qui avait causé la mort de la jeune Ethiopienne... Oswald Byrnes s'essuya la bouche.

— Ne vous mettez pas dans cet état, fit-il presque gentiment. A mon avis, ils l'auraient liquidée de toute façon. *Something's boiling* (1)... Ça, c'est le dernier avertissement. Ils veulent nous forcer à rester en dehors de ce qu'ils trament.

Malko récupérait un peu.

— Vous m'avez dit que le président était bien protégé. Vous craignez un coup d'Etat ?

— Je l'ignore, avoua Oswald Byrnes. Mais si quelque chose arrive dans huit jours, ou dans un mois, j'aurai l'air d'un con et les conséquences seront incalculables. Si le Yémen du Nord tombait dans l'orbite soviétique, c'est l'Arabie Saoudite qui serait menacée ensuite. Or, deux officiers du Elham El Makasi sont impliqués dans ces meurtres. Il me semble impossible qu'ils agissent pour le gouvernement. Tirez les conclusions vous-même...

— Votre théorie est séduisante, reconnut Malko, mais vous n'avez aucune preuve.

— Et ça m'étonnerait que Bazara ou Sharjaq nous en fournissent... Nous sommes dans l'impasse.

Un silence pesant retomba dans le bungalow. Brisé quelques instants plus tard par Oswald Byrnes.

— Nous sommes invités tout à l'heure par Zaghlool Mokha, mon ami yéménite, à une qat-party. C'est un grand honneur. Nous devons discuter des problèmes d'armement d'Ali Nasser et il aura peut-être une idée

(1) Il y a anguille sous roche.

4

sur l'autre affaire. Il y aura pas mal de monde. Attendez
qu'on soit entre nous pour parler de choses sérieuses. Et
souvenez-vous : le qat se mâche lentement et c'est
absolument dégueulasse.

**
*

Au premier regard, on donnait à Zaghlool Mokha
entre cent et cent cinquante ans. Une minuscule momie,
à peine sortie de ses bandelettes. Un gnome avec des
cheveux gris en bataille et deux petits yeux noirs
pétillants émergeant d'un océan de rides. Il dévala le
perron d'une demeure qui évoquait par sa taille le
Grand Trianon et se précipita vers Oswald Byrnes. Il
dut se mettre sur la pointe des pieds pour lui donner
l'accolade. Malko eut également droit au contact de sa
barbe râpeuse de plusieurs jours.

— Ah, *my friend !* s'exclama-t-il, quelle joie de vous
accueillir dans ma nouvelle maison. Elle n'est pas
terminée, hélas.

Pour l'instant, il y avait déjà deux corps de bâtiment
couvrant chacun mille mètres carrés au sol, hérissés de
terrasses, de parties rajoutées, d'échafaudages, de tou-
relles percées de moucharabiehs. Zaghlool Mokha prit
Oswald Byrnes par la main, comme un enfant.

— *I show you my place* (1)!

Il les amena d'abord dans un grand garage. Une
vieille Rolls était prise en sandwich entre une Ferrari
coupé noire et une Cadillac Eldorado jaune citron.
Zaghlool Mokha s'arrêta devant une forme entièrement
dissimulée par une housse marquée d'un énorme H.

— C'est Hermes qui me l'a faite sur mesure. En box
souple.

Le prix d'une R 5...

_____

(1) Je vous montre ma maison !

Deux esclaves surgirent et ôtèrent la housse, découvrant une Rolls Royce Phantom VI, haute comme un camion ; d'un vert cru gazon anglais, hérissée d'antennes comme un insecte.

Toutes les parties habituellement chromées étaient en or... De la calandre aux enjoliveurs, en passant par les poignées de porte et les pare-chocs. Zaghlool Mokha ouvrit fièrement la portière arrière, renforcée d'un discret blindage. La banquette, recouverte de vison blanc, faisait face à un bar en palissandre, un meuble stéréo Akaï et une télé.

— Je l'ai commandée pour le prochain pèlerinage à La Mecque. A cause de la climatisation, j'ai mis un peu de fourrure, je suis très frileux. Le vert, c'est la couleur du prophète.

C'était aussi celle du dollar. Zaghlool Mokha repoussa la portière qui se referma avec le claquement sourd d'une porte de coffre-fort.

Ils continuèrent par le jardin. Une forêt d'arbustes de près d'un hectare.

— Je cultive mon qat moi-même, annonça le vieillard. Je le cueille tous les jours et je suis sûr qu'il est frais.

De quoi mâchouiller pendant un demi-siècle. Ils émergeaient de la plantation de qat lorsqu'une étrange silhouette se dressa devant eux : une femme dont on n'apercevait que le visage, encadré par une sorte de coiffe de religieuse, couvrant une partie du front, aplatissant les cheveux et retombant sur sa nuque. Son visage, bien que dépourvu de tout maquillage, était d'une beauté remarquable, avec une grande bouche admirablement ourlée, de hautes pommettes et d'immenses yeux noirs qui semblaient regarder très loin, comme ceux d'un aveugle. En dépit du temps radieux, elle était enveloppée d'un imperméable blanc boutonné jusqu'au cou, serré aux poignets et descendant aux chevilles ! Elle se pencha à l'oreille de Zaghlool Mokha, et se retira sans un regard pour les deux visiteurs.

En dépit de l'ampleur de son vêtement, des formes visiblement parfaites se laissaient deviner.

— C'est Latifa, ma secrétaire, expliqua le Yéménite. Venez, mes invités sont arrivés.

— Pourquoi porte-t-elle un imperméable ? demanda Malko.

Zaghlool Mokha émit un gloussement joyeux.

— Pour protéger sa pudeur.

Ils pénétrèrent dans un hall immense, éclairé par des vitraux en demi-lune à la mode yéménite d'où partait un escalier majestueux. Cela tenait de Versailles et des Folies-Bergère. Deux amphores Satsuna de plus de deux mètres de haut, ornaient l'entrée, une paire de somptueuses commodes Louis XVI avec des serrures de bronze encadraient l'escalier monumental. Celui-ci comportait une somptueuse rampe en cristal de roche. Sans doute par souci de modernisme, on l'avait fourrée sur toute sa longueur d'un néon verdâtre...

— C'est Claude Dalle, un grand décorateur parisien qui a fait toute ma maison, annonça fièrement Mokha.

Ils grimpèrent l'escalier, gagnant une pièce toute en longueur, au sol recouvert de tapis, où se trouvaient une quinzaine d'hommes, vautrés sur des coussins. Aucun meuble. L'atmosphère était déjà empuantie par la fumée des cigarettes. Des bouteilles de J & B et de Gaston de Lagrange étaient posées à côté des plateaux, ainsi que du Perrier, du Gini et de la Shamran. Partout, des brassées de feuilles de qat.

— Servez-vous, offrit aimablement Zaghlool Mokha.

Oswald Byrnes et Malko s'installèrent à côté de lui sur des coussins près de la porte. Malko dut se résigner à mettre quelques feuilles de qat dans sa bouche. C'était amer et complètement immonde. Oswald Byrnes se pencha vers Malko.

— C'est dans ces qat-parties que toutes les choses importantes se décident. Sous l'influence de la drogue, les langues se délient. Observez-les.

C'était à qui avait la joue la plus déformée! Les invités — tous des Yéménites — mastiquaient avec application, crachant de temps à autre, avalant une gorgée d'eau minérale et se replongeant dans leur béatitude... Mokha n'avait pas présenté les deux étrangers et personne ne s'occupait d'eux. Des serviteurs entraient et sortaient sans cesse, amenant de l'eau, du qat et des boissons... Peu à peu, la conversation s'anima, en arabe bien entendu. Zaghlool Mokha s'y mêlait parfois, mâchouillant le reste du temps une énorme boule de qat, les mains croisées sur un coussin posé sur son ventre, les yeux mi-clos.

— Que fait-il? demanda Malko à Byrnes.

— C'est l'homme le plus riche du Yémen, dit à mi-voix l'Américain. Il tient le marché du rial yéménite. A travers un réseau de changeurs installés en Arabie Saoudite. Ils collectent auprès du million de Yéménites expatriés leurs salaires en rials saoudiens pour leur donner du papier-chiotte : des rials yéménites. Aux dernières nouvelles, il pèse un milliard de dollars...

— Il a l'air fragile...

Oswald Byrnes sourit.

— Il a soixante-dix-huit ans, quatre-vingts épouses légitimes, trois fils qu'il a déshérités parce qu'il les trouve idiots et beaucoup d'humour. Il adore les jolies femmes, possède un ranch à Las Vegas, un palais à Ryad et un hôtel particulier à Londres.

— Il connaît vos activités?

— Bien sûr! Il sait que si les communistes venaient à contrôler le Nord-Yémen, ils le mettraient au trou et lui confisqueraient sa fortune, enfin ce qu'il a ici.

Discrètement, Malko se débarrassa de sa chique verdâtre, en conservant le goût amer. Rêvant à l'étrange

Latifa. De temps à autre, le vieux Mokha se tournait dans sa direction et lui envoyait une bourrade amicale. Les bouteilles vides de Shamran commençaient à joncher les tapis d'Iran, et l'alcool baissait dans les bouteilles. Au fond de la salle, un des invités buvait au goulot une bouteille de Gaston de Lagrange.

Un autre, oh horreur, s'en servait pour se rincer la bouche... Des rires nerveux éclataient soudain, des conciliabules mobilisaient de petits groupes. Oswald Byrnes désigna discrètement un jeune Arabe à Malko.

— Tout Sanaa est ici. Celui-ci est le directeur des Douanes. Son voisin est directeur à la Saudi Bank. Le grand costaud avec une moustache est un capitaine des blindés.

— Qu'est-ce qu'il vient faire ?

— Il a peut-être quelque chose à demander. Mokha est très puissant. Même le Moukhabarat le craint. Il peut mettre le pays à genoux en un mois, en bloquant le rial... D'ailleurs le petit mince à sa gauche, c'est le gouverneur de la Banque Centrale.

Il désignait un homme jeune dont le tricot de corps transparaissait sous la chemise de nylon, avec des yeux aigus, une petite moustache en croc, susurrant à l'oreille du vieux Yéménite... Oswald Byrnes s'étira.

— Dans deux ou trois heures, on pourra commencer à parler de choses sérieuses, dit-il. Détendez-vous.

Un à un, les participants de la qat-party, leur joue dégonflée, se levaient, embrassaient leur hôte et s'esquivaient, plus ou moins titubants. Il allait être l'heure de la prière du soir. L'atmosphère était empuantie par l'odeur fade du qat, toutes les bouteilles d'alcool étaient vides sauf un fond de Gaston de Lagrange. Seul le vieux Mokha semblait toujours en pleine forme. Il se rinça la bouche et se tourna vers Oswald Byrnes.

— Que me racontez-vous ?

— Je cherche quelqu'un qui pourrait m'aider à me procurer une certaine marchandise qu'on ne trouve pas à Sanaa, dit l'Américain.

Zaghlool Mokha eut un geste onctueux de sa vieille main ridée.

— Je suis votre ami. Si je peux vous aider... De quoi avez-vous besoin ?

L'Américain tira de sa poche un papier et lut d'une voix égale.

— Cent Kalach, les nouvelles avec le lance-grenades, avec 1 000 coups chacune. Trois ou quatre caisses de grenades F 1 soviétiques ou tchèques, dix RPG 7, une centaine de mines anti-chars TM 57, autant de mines anti-personnel PG 7, deux ou trois « Douchka » avec au moins 10 000 coups chacune.

Il replia paisiblement son papier. Zaghlool Mokha arbora un sourire candide.

— *My friend !* Vous voulez faire un coup d'Etat ?

— Ali Nasser arrive la semaine prochaine, fit simplement Byrnes.

— Le gouvernement central a interdit le commerce des armes, remarqua innocemment le Yéménite.

Dans un pays où les bébés naissaient une Kalachnikov entre les dents...

— C'est pourquoi vous êtes le seul à pouvoir me rendre ce service, répliqua l'Américain.

— Je suis un homme pacifique, protesta Mokha, montrant ses mains nues.

— Mais vous avez beaucoup d'amis dans le Nord.

Zaghlool Mokha ne répliqua pas et se remit à mâchonner quelques feuilles de qat toutes fraîches, comme s'il n'avait pas entendu. Le silence se prolongea plusieurs minutes avant qu'il ne soulève une paupière pour demander d'une voix indifférente :

— Où et quand vous faudrait-il cette marchandise ?

— Dans les environs de Mareeb, d'ici une semaine au plus tard.

— Je ne traite pas ce genre d'affaire, dit Zaghlool Mokha, mais si je donne ma garantie, je peux vous envoyer à un homme sûr.

— Qui ?

— Le cheikh Seif Al Islam (1) Hafez al Ragheb, de la tribu des Bakils. C'est un fils de l'iman.

— Nous n'avons pas le temps d'aller dans le Nord, objecta Byrnes.

— Il vient me rendre visite à Sanaa.

— Quand ?

— *Boukrah* (2).

Ça pouvait être le lendemain ou jamais.

— *Boukhra. Boukhra ?* insista Byrnes.

— *Malech* (3), confirma le vieux Yéménite avec un geste définitif. Enfin peut-être après-demain.

— C'est mon ami, Malko Linge, qui traitera cette affaire, précisa Oswald Byrnes.

Mokha approuva d'un signe de tête et dit, tourné vers Malko :

— Je vous enverrai une voiture lundi matin vers huit heures. Je vous présenterai à lui et vous discuterez.

Il se leva et bâilla ; ses yeux étaient injectés de sang. L'alcool et les cigarettes. Il avait l'air vraiment très vieux.

---

(1) Cimeterre de l'Islam.
(2) Demain.
(3) Ça va.

— Avez-vous eu des informations sur la mort de mon ami Jack Penny ? demanda vivement l'Américain.

Le vieux Yéménite fronça les sourcils comme s'il ignorait tout de la chose puis son regard s'éclaira.

— Une triste affaire...

Il semblait sincèrement désolé.

— Mais encore ? insista Oswald Byrnes. Vous qui connaissez tout le monde...

Le vieux Mokha se frotta distraitement les mains.

— On a dit que votre ami a été imprudent. Qu'il a courtisé la maîtresse d'un homme puissant et vindicatif, le colonel Bazara. Que ce dernier s'est vengé.

— Et vous croyez à cette version ? interrogea Oswald Byrnes.

Le Yéménite eut un rire aigrelet.

— Non, bien entendu.

CHAPITRE IX

Malko réalisa soudain que Zaghlool Mokha n'avait plus l'air gâteux du tout... Pourtant le vieux Yéménite poussa un soupir et dit :

— Je vais vous quitter maintenant. Je suis un homme âgé. Je dois aller me reposer.

Il prit la main de Malko dans les siennes et la serra, le couvrant de son regard aigu :

— Qu'Allah veille sur vous, jeune homme. Ma maison est la vôtre. Mon cœur vous appartient.

Il trottina jusqu'à la plantation de qat. L'air était frais, la nuit était tombée. Oswald Byrnes le rattrapa et lui barra la route.

— Zaghlool, dit-il. Vous savez quelque chose sur ce meurtre ? C'est important. Il y a eu de nouveaux développements depuis...

Rapidement, il raconta au vieux Yéménite ce qui s'était passé depuis l'arrivée de Malko. Mokha hocha la tête et reprit sa marche, les amenant devant son portail.

— Je n'ai aucun détail, affirma-t-il. Mais je suis certain que ce n'est pas un crime passionnel. Même si on a voulu vous le faire croire. Le colonel Bazara n'est pas homme à perdre la tête pour une Ethiopienne.

Visiblement, il ne voulait pas en dire plus. Ils prirent congé et se retrouvèrent dans la sente défoncée et sans lumière qui rejoignait Ring Road, un peu plus haut. La maison de Zaghlool Mokha se trouvait dans la zone résidentielle entre Ring Road, Haddah Road et le désert où les Yéménites les plus riches avaient posé au petit bonheur leurs résidences, toutes sur le même modèle : de massives maisons carrées avec un grand jardin entouré de hauts murs. Sur certains, on pouvait voir la nuit des sentinelles debout à intervalles réguliers, veillant sur leur maître.

— Que pensez-vous de ce qu'il a dit ? demanda Malko.

— Mokha a voulu nous envoyer un signal, dit Byrnes.

Le silence retomba, tandis qu'ils cahotaient sur les trous de la piste, débouchant enfin sur Ring Road. Malko le brisa :

— Si c'est vraiment une histoire importante, Bazara va à nouveau tenter de m'éliminer.

Ils stoppèrent à un feu rouge à côté d'une Land Cruiser Saloon où s'entassaient une douzaine de femmes voilées.

— Ce n'est pas aussi simple que cela, expliqua Oswald Byrnes. Bazara n'a pas les mains libres, s'il agit de son propre chef. Il a été obligé de déguiser le meurtre de Jack en crime passionnel, ce qui est accepté dans ce pays rétrograde et violent. Pour vous, c'est pareil. Il ne peut pas envoyer des tueurs vous attendre dans le hall du *Taj Sheba*. Sanaa est une petite ville. On remonterait vite jusqu'à lui.

Nouveau stop au feu rouge du croisement Al Zubayri-Ali Abdul Mughni. La chaussée était jonchée de feuilles de qat mâchées. Des enfants vendaient des journaux aux automobilistes.

— Pourquoi ne pas avertir le président Saleh ? demanda Malko, si vous pensez que le colonel Bazara est en train de tramer quelque chose contre lui...

— En dépit de la mort d'Amabeit, je n'ai toujours pas de preuve. Donc, au mieux, il écarterait Bazara. Et ce dernier s'arrangerait pour se venger sur nos intérêts.

— Donc, conclut Malko, on essaie de remonter la piste et de le prendre la main dans le sac.

L'Américain eut un sourire triste.

— Exact. Comme pour un hold-up. Nous devons piquer *the smoking gun* (1)...

— Merci. Le problème, remarqua Malko, c'est qu'il n'y a plus de piste. Et cette histoire d'armes ? Je peux avoir confiance en Mokha ?

— Absolument.

— Vous êtes sûr que cela n'a rien à voir avec le meurtre de Penny ?

— Il ne s'en occupait pas.

— Un « signal » indirect ?

— On ne peut jamais jurer de rien, mais franchement, je ne crois pas.

— Mokha n'intervient vraiment pas dans le deal des armes ?

Oswald Byrnes eut un sourire caustique.

— Il se contentera de changer en rials yéménites les bons dollars que nous donnerons à son copain. En prenant une confortable commission au passage.

Ils étaient arrivés au *Taj Sheba*. Malko quitta l'Américain, encore étourdi par le qat. Il avait envie d'une bonne douche et avait une faim de loup. Dîner en solitaire ne lui plaisait guère, mais il ne voyait aucune autre solution. Il se dit que le *Sheraton* serait moins sinistre que le *Taj Sheba*. Il avait besoin d'oublier la tête tranchée d'Amabeit.

*
**

_____
(1) Le canon encore fumant.

Elvira, la chanteuse roumaine du *Sheraton,* était véritablement sculpturale, en dépit des inepties sirupeuses qui sortaient de sa belle bouche. Quand elle descendit du podium, Malko la suivit des yeux, persuadé qu'elle était nue sous sa combinaison de lastex argent. Elle rejoignit une table occupée par des Anglais. Leurs regards se croisèrent un instant. Il y retrouva l'expression de la veille. Une sensualité animale directe, brute, contrastant avec l'immobilité des traits. Comme si son apparence calme cachait un volcan.

Elle baissa les yeux.

Au moment de quitter le restaurant, il s'entendit héler. C'était Corazon, la petite secrétaire philippine d'Oswald Byrnes, au milieu de tout un groupe de Philippins mâles et femelles. Elle lui offrit une place à leur table. Cela babillait en tagalog de tous les côtés.

De nouveau, la Roumaine se leva et les frôla, hiératique. Sa hanche élastique passa à quelques centimètres de Malko. Corazon se pencha vers lui.

— Elle est belle, mais elle ne sait pas chanter. Personne ne comprend pourquoi elle a été engagée. Par contre, ajouta-t-elle, pour mille dollars, vous la mettez dans votre lit.

— Ah bon ? dit Malko, un peu surpris. Comment savez-vous cela ?

La Philippine désigna sa voisine.

— Elle travaille à l'hôtel. Elle connaît tout le monde. La chanteuse loge à la chambre 129 et il paraît qu'on l'a vue à plusieurs reprises avec cet ignoble maquereau de Nabil El Khouri...

Le Libanais était décidément partout. La chanteuse reprit son micro et les conversations baissèrent. En face de Malko se trouvait une Philippine au visage mutin, un peu écrasé, avec une grosse bouche sensuelle

et un regard provocant. Corazon vit le regard de
Malko posé sur elle et murmura à son oreille :

— Elle fait partie d'un orchestre qui joue ici. Si
vous n'avez pas envie de rentrer seul à votre hôtel,
elle ne vous prendra que cent dollars.

Malko n'aimait pas les amours tarifées. Il déclina
poliment l'offre et comme il n'appréciait pas le sup-
plice de Tantale, décida d'aller se coucher. Seul.

Oleg Kopecki bouillait de rage rentrée. En face de
lui, le colonel Mohammed Bazara, la tête baissée,
ressemblait à un garnement surpris en train de voler
des confitures. Le petit appartement où ils se rencon-
traient en secret était absolument silencieux.

— Vous êtes très décevant, fit le Soviétique d'une
voix coupante. D'abord, vous ratez une opération
relativement simple qui aurait mis fin au problème.
Ensuite, vous n'intervenez pas assez vite pour réparer
votre erreur et enfin, vous vous livrez à une mise en
scène ridicule qui ne peut qu'avoir des conséquences
négatives...

— J'ai voulu l'impressionner, protesta le Yéménite.

Oleg Kopecki eut un haussement d'épaules exas-
péré.

— Cette personne est un chef de mission confirmé.
J'ai effectué une enquête. Il en faut plus pour
l'impressionner. Maintenant, il est persuadé que votre
histoire de crime passionnel est un leurre... Donc, il
va chercher ailleurs.

Bazara essuya la sueur qui coulait dans son cou.

— Il n'y a pas de preuves, dit-il.

— Il finira pas en trouver, si vous vous conduisez
comme un gamin ! cingla le Soviétique. Nous avons
affaire à des professionnels.

L'air misérable, l'officier yéménite demanda :

— Que faut-il faire, alors ?

Oleg Kopecki secoua la tête.

— Rien pour l'instant, si vous êtes certain qu'il ne peut pas remonter plus loin. Mais cet homme représente un risque. Il faudrait l'éliminer dès que possible. Mais cette fois, sans ratage…

— Nous n'avons besoin que de quelques jours, souligna Bazara. Ensuite…

— C'est en laissant ce genre de problème non résolu qu'on a des catastrophes ensuite, fit d'un ton sentencieux le Soviétique. Je compte sur vous. Ce serait trop bête que toute notre opération échoue à cause d'une de vos imprudences.

Il se leva. Bazara en fit autant, honteux et ivre de rage. S'il avait tenu l'agent de la CIA, il l'aurait découpé vif.

— Cette fois, dit-il, nous ne le raterons pas.

Malko n'avait pratiquement pas fermé l'œil de la nuit, repassant tous les événements depuis son arrivée. Le soleil était toujours aussi radieux. Après un breakfast rapide, il prit le chemin du bungalow d'Oswald Byrnes. D'après sa tête, l'Américain n'avait pas dû dormir beaucoup non plus.

— Quoi de neuf ?

— J'ai peut-être une idée pour sortir de l'impasse, annonça Malko. Seulement, elle est à la limite du réalisable, comporte des risques élevés et beaucoup de « si ».

Oswald Byrnes leva la tête. Ses yeux bleus, derrière ses lunettes à monture blanche, reflétaient une immense fatigue.

— N'importe quelle idée sera la bonne, dit-il, et coûtera moins cher que de reconquérir ce pays avec l'US Army. Que voulez-vous faire ?

— D'abord, téléphoner à Londres.

CHAPITRE X

— A Londres ! s'exclama Oswald Byrnes. *My God*, pourquoi ?

— Pour appeler une certaine Mandy Brown, dit Malko.

— Qui est-ce ?

— Une jeune femme blonde, extrêmement attirante, qui a une dette de reconnaissance envers moi et sait se tirer des situations difficiles...

L'Américain le regarda, se demandant visiblement s'il avait perdu la raison.

— Et alors ?

— Amabeit a évoqué hier soir l'attirance de Sharjaq pour les blondes. J'ai l'intention de faire venir Mandy Brown ici et de lui faire « tamponner » le capitaine Sharjaq.

— Vous voulez l'envoyer au massacre ! s'exclama Oswald Byrnes. Vous avez vu ce qui est arrivé aux deux autres ?

— Oswald, dit Malko, vous avez vu le film *Alien* ? Ce monstre intersidéral extrêmement doué pour la survie, indestructible... Eh bien, Miss Mandy Brown, bien que d'apparence beaucoup plus fragile, est presque aussi redoutable.

Mandy la salope ! Lorsque Malko l'avait rencontrée à

Honolulu, elle était la maîtresse d'un mafioso, Louis Siegel (1). Grâce à Malko, elle avait échangé une belle histoire d'amour contre trois millions de dollars en petites coupures, s'assurant au passage pour jouir en paix de son petit pécule que son « fiancé », la terreur de la Côte Ouest, prenait deux balles dans la tête...

Plus tard, ils s'étaient retrouvés à Abu Dhabi (2). Pour le malheur d'un jeune cheikh trop ambitieux et fou amoureux de Mandy. Malko se souvenait encore de la façon dont elle s'était livrée à lui sur les coussins d'une Rolls, tandis qu'un bourreau décapitait son ex-amant en place publique. Le plus bel orgasme de sa vie.

Il l'avait encore croisée aux Caraïbes, en compagnie de la belle Sharnilar, la veuve de l'ayatollah (3). Mandy Brown semblait s'ennuyer alors. Il allait pimenter à nouveau sa vie en lui faisant quitter ses six cents mètres carrés sur Regent's Park pour la poussière de Sanaa...

Oswald Byrnes écouta sa description avec un intérêt croissant.

— Si Mandy Brown est vraiment comme vous dites, elle peut être précieuse, mais comment organiser cette rencontre ? Il se méfiera.

— Si Mandy Brown croise par hasard le chemin du capitaine Sharjaq, il risque de bondir dessus. Or, il est sûrement au courant de ce qui se trame. Ensuite nous verrons comment le faire parler.

— Bien imaginé, approuva l'Américain, mais ce n'est pas si simple. Je répète : il se méfiera.

— Sauf si c'est Nabil El Khouri qui la lui présente, comme une des filles de son réseau. Ces Yéménites sont morts de faim sexuellement. Une fille comme Mandy fera sauter les plombs du capitaine. Seulement, il faut

(1) Voir Opération Matador, SAS n° 56.
(2) Carnage à Abu Dhabi, SAS n° 59.
(3) La veuve de l'Ayatollah, SAS n° 79.

convaincre Nabil el Khouri de collaborer et s'assurer surtout qu'il ne trahira pas.

— Je pense que Zaghlool Mokha pourrait nous aider, dit Oswald Byrnes, après quelques secondes de réflexion.

— Pourquoi lui?

— En dehors de son restaurant et des filles, El Khóuri a le plus important réseau de changeurs de Sanaa. Mokha peut le ruiner en un clin d'œil. Il suffirait qu'il confie le marché à quelqu'un d'autre...

— Mokha acceptera de faire pression sur lui?

— Je crois que oui. Vous pouvez joindre cette fille facilement?

— Si elle se trouve à Londres, oui.

— La première chose est de s'en assurer. Nous avons un téléphone protégé à l'ambassade. Donnez-moi son numéro. Je vais le communiquer à Grosvenor Square (1). Directement au COS (2), Peter Lawry. Il peut l'appeler chez elle et lui demander de venir téléphoner de son bureau ici. Vous pensez qu'elle acceptera?

— Si Peter Lawry lui précise que c'est pour me parler, sûrement.

— Parfait, conclut Oswald Byrnes. Je file à l'ambassade. Si tout va bien, je vous envoie ma voiture dans deux heures. OK?

— OK, approuva Malko.

La Chevrolet blindée aux vitres teintées d'Oswald Byrnes franchit la première barrière protégeant l'entrée de l'ambassade US. Avant de lever la seconde, un garde

(1) Siège de la CIA à Londres.
(2) Chief of station.

armé s'assura de l'identité de Malko, l'annonça au walkie-talkie, tandis qu'un autre promenait une glace fixée à une perche sous la voiture, contrôlant qu'aucun mauvais plaisant n'y avait fixé une charge explosive.

Il fallait avoir des yeux de lynx pour découvrir l'entrée de l'ambassade... Aucune plaque ne l'indiquait et elle était nichée entre des maisons abandonnées et un square où jouaient des enfants, non loin de la place At Tahrir, sur une placette sans nom donnant dans une ruelle anonyme. Par prudence, aucun drapeau ne flottait sur l'ambassade, protégée par de hauts murs, des chicanes, des caméras, des sacs de sable.

Quatre « Marines » en tenue de combat, grenades à la ceinture, gilet pare-balles, M. 16 armé, accueillirent Malko. Oswald Byrnes l'attendait et le conduisit à la *safe-room*, le centre des communications « protégées ».

— Votre amie est dans le bureau de Peter Lawry.

Il mit le *scrambler* (1) en route et composa le numéro de la station de la CIA à Londres. Quelques instants plus tard, il tendit le récepteur à Malko.

— Mandy ?

— Qu'est-ce que c'est que cette histoire ! glapit Mandy Brown. On m'a réveillée à huit heures du matin. Ils m'ont tout juste laissé le temps de m'habiller pour venir ici. Et je me suis couchée à cinq heures. J'étais chez Annabel et...

— Je suis désolé, coupa Malko, il fallait que je te parle d'urgence.

— Ça pouvait pas attendre midi ? ronchonna Mandy Brown. Si encore c'était toi qui étais venu me sortir du lit... Où es-tu, d'abord ?

— Au Yémen.

— C'est où ça ?

— Pas loin d'Abu Dhabi.

---

(1) Brouilleur.

— Pourquoi tu m'appelles de si loin ?

— J'avais envie d'entendre ta voix, dit suavement Malko.

Aussitôt, la furie se changea en colombe.

— Moi aussi, ça me fait vachement plaisir…, fit-elle, la voix brusquement chargée de sexe — la voix de Mandy la salope … Tu sais bien que j'irais jusqu'au bout du monde pour te voir.

— Ça tombe bien, dit Malko.

— Pourquoi ?

— Parce que j'aimerais bien que tu viennes me retrouver ici… C'est un pays superbe.

— Il y a des plages ?

— Avec des cocotiers, affirma-t-il froidement.

— Tu veux pas plutôt qu'on aille aux Caraïbes ?

— J'ai une raison particulière pour te faire venir ici…

Un long silence au bout du fil. Malko crut presque qu'elle avait raccroché. Puis, la voix soudain pleine de méfiance, Mandy demanda :

— Qu'est-ce que tu mijotes ? Moi, les Arabes j'en ai ras le bol… Avec Toto, ça a failli mal se terminer.

— Ecoute, dit Malko, j'ai vraiment besoin de toi.

— Quand ?

— Tout de suite.

— Je peux pas partir. J'ai un *charity ball* ce soir…

Mandy en dame patronesse, c'était à se tordre.

— Envoie ta contribution, suggéra Malko. Il y a un avion ce soir. Nous ne resterons ici que quelques jours. Ensuite, je te promets une semaine de vacances à la Jamaïque.

Silence tendu.

— C'est vrai ?

— Juré.

— Tu mens.

— Non.

Nouveau silence. Oswald Byrnes qui avait mis le

haut-parleur, semblait passionné par la conversation. Un soupir bruyant éclata dans la pièce.

— Je suis vraiment une conne ! Bon, à quelle heure est ton avion ?

— On te portera un billet Air France Londres-Paris-Sanaa. Tu es en Club à partir de Paris.

— Tu as intérêt à venir me chercher et à être vachement câlin, lança Mandy Brown.

C'était la dernière haie.

— Je t'enverrai quelqu'un à l'aéroport, dit Malko de sa voix la plus douce, mais nous nous retrouverons tout de suite après.

Il dut baisser le niveau sonore pour ne pas être assourdi par les glapissements de Mandy Brown.

— Et pourquoi tu viens pas ? s'égosilla-t-elle. Tu as une autre nénette ?

— Non, dit Malko, ce serait dangereux pour toi et pour moi.

Mandy Brown se calma d'un coup.

— Parce qu'en plus ton truc est dangereux ! Dis donc, je n'ai pas envie de finir comme Sharnilar.

— Tu ne finiras pas comme Sharnilar, affirma Malko. Et tu me rendras un grand service.

— Je suis une conne, répéta Mandy Brown. Alors, qui vient me chercher ?

— Un Libanais...

Nouveaux hurlements.

— Pourquoi pas un singe ?

— Il est très gentil.

— C'est *toi* qui as intérêt à être très gentil ! conclut Mandy Brown, folle de rage, avant de raccrocher.

Oswald Byrnes regarda Malko.

— Elle va venir ?

— Oui.

— C'est incroyable. On dirait que vous lui offrez

des vacances. Elle va risquer sa vie. Cela me gêne beaucoup..., protesta l'Américain.

— Pour Mandy, ce sont des vacances, affirma Malko. Je la connais. Elle doit s'ennuyer à mourir. Si elle n'a pas un milliardaire à ruiner ou un cœur à briser, elle s'étiole. Maintenant, il faut organiser son arrivée.

— Nous filons chez Mokha, dit l'Américain.

La grande salle où s'était tenue la qat-party était restée dans l'état où Malko l'avait vue la veille. Pour y parvenir, ils avaient traversé une énorme salle à manger où trônait une majestueuse table Romeo, une dalle de verre soutenue par deux aigles aux ailes déployées, guidés par la sculpturale Latifa, toujours enveloppée de son imperméable blanc. Le vieux milliardaire grignotait des pistaches en fumant son narguileh, accroupi sur ses coussins. Il les accueillit avec un sourire ravi.

— Vous êtes en avance, c'est demain que je dois voir mon ami le cheikh Al Ragheb.

— Je sais, dit Oswald Byrnes, mais j'ai un autre service à vous demander.

— Vous êtes les bienvenus, affirma le Yéménite en les invitant à prendre place à côté de lui.

Il semblait s'amuser beaucoup.

Oswald Byrnes raconta alors les derniers événements, puis lui expliqua l'idée de Malko. Le sourire s'effaça du visage de Zaghlool Mokha et c'est d'un ton hyper-sérieux qu'il approuva.

— Je vous aiderai de tous mes modestes moyens. Que voulez-vous ?

— Pouvez-vous convaincre Nabil El Khouri de nous aider... et de se taire ?

— *Convaincre !* (Mokha eut un rire aigrelet.) Si je lui donne un ordre, il l'exécutera en me remerciant. Sans moi, il n'est rien... Je peux le briser comme ça.

« Crac » ! Il venait d'ouvrir une amande.

Malko expliqua ce qu'il attendait du Libanais. L'œil de Mokha brilla, approbateur.

— Très bien imaginé, les Yéménites sont des obsédés sexuels, des imbéciles. Moi, j'ai 80 femmes ! Si celle-là est comme vous dites, elle sera la nouvelle Reine de Saba...

C'est Mandy qui allait être flattée... Les ruines du palais de la célèbre souveraine se trouvaient à Mareeb, un peu à l'est de Sanaa, en plein désert. Zaghlool Mokha avait déjà décroché son téléphone et parlait d'un ton sec. Il raccrocha.

— Nabil El Khouri sera là dans dix minutes.

**

Le sourire figé de Nabil El Khouri exprimait une totale servilité mais Malko voyait la peur envahir irrésistiblement son regard tandis qu'il écoutait parler Zaghlool Mokha. Le Libanais, arrivé tout frétillant, luisant de bonne graisse, semblait se dégonfler à vue d'œil. Il s'agita sur ses coussins comme s'ils étaient pleins de puces en oubliant d'avaler une pistache. Zaghlool Mokha termina sa tirade par une question brève. Le Libanais répondit d'une voix absente :

— *Aiwa, Aiwa.*

Puis il passa une main nerveuse sur son menton mal rasé. Vraiment pas à l'aise. D'une voix hésitante, il se lança alors dans une grande tirade gémissante, ponctuée de sourires humbles. Même si Malko ne comprenait pas les mots, le sens était clair. Il cherchait à se défiler...

Zaghlool Mokha but un peu de thé, téta son narguileh, poussa un gros soupir puis lâcha une courte phrase qui eut le don de faire blêmir le Libanais. Puis, il dit en anglais :

— Je crois que je me suis trompé sur mon ami. Je vous prie de m'en excuser.

— Ah bon ! fit Malko, inquiet.

Au lieu de lui répondre, Zaghlool Mokha jeta un ordre bref au Libanais. Malko comprit *zoud*, vite. Nabil El Khouri se leva avec hésitation, puis se rassit. Mokha lui tournait le dos ostensiblement. Le Libanais dut l'appeler trois fois pour qu'il consente à se retourner d'un air dédaigneux. Les yeux baissés, le Libanais prononça quelques mots à voix basse.

Un éclair passa dans l'œil du vieux milliardaire et d'une voix ravie, il annonça à haute voix :

— Mon ami Nabil ne désire finalement pas rompre notre amitié. Il avait seulement peur de ne pas être à la hauteur de sa mission.

Scrupule honorable. El Khouri transpirait comme s'il était dans un sauna. Il se souvint qu'il parlait anglais et dit d'une voix geignarde :

— Mr Mokha me demande quelque chose de très difficile. Les gens du Elham El Makasi sont très dangereux. S'ils soupçonnaient que je les trahis, ils me tueraient.

Il suait la peur. Zaghlool Mokha eut un bon sourire.

— Il suffit qu'ils ne le sachent jamais, conclut-il suavement. Nous nous tairons. Toi aussi, j'espère...

Nabil El Khouri se répandit en protestations véhémentes, la main sur le cœur, engouffrant des pistaches pour se donner du courage. Placidement, Mokha dit quelques mots dans son téléphone et attendit, observant le Libanais. Cinq minutes plus tard, Latifa entra dans la pièce, les yeux baissés, portant un livre luxueusement relié qu'elle posa devant son maître, sur une table basse supportée par deux défenses d'éléphant.

Zaghlool Mokha ouvrit le livre, un Coran enluminé,

somptueux. Il le poussa en face de Nabil El Khouri, puis, tirant sa jambia de son étui, la posa à côté.

Le Libanais allongea une main tremblante au-dessus du Livre Saint et prononça une formule rapide d'une voix mal assurée, l'œil glauque fixé sur la lame brillante de la jambia. Satisfait, le milliardaire referma le Coran, remit son poignard dans son étui.

— Il a juré sur le Coran de nous aider de tous ses moyens et de garder le secret absolu. S'il se parjure, il aura la gorge tranchée par l'arme que je lui ai montrée...

Il émit de nouveau son rire aigrelet.

— Quand j'ai un deal important, je prends toujours mon lawyer (1), comme en Amérique. Mais celui-ci ne se fait pas payer à l'heure et inspire la crainte.

Figé, un sourire de commande aux lèvres, le Libanais écoutait. Il devait copieusement les maudire jusqu'à la douzième génération.

— Donnez-lui vos instructions, dit Mokha.

Malko expliqua alors ce qu'il attendait de Nabil El Khouri. D'abord, l'accueil de Mandy Brown, arrivant à Sanaa comme « artiste » engagée par le Libanais qui faisait un peu l'impresario à l'occasion pour fournir de la chair fraîche à ses riches clients, la possibilité pour Malko de rencontrer ensuite Mandy Brown dans le secret le plus absolu, et, enfin, le « tamponnage » du capitaine Yehia Sharjaq.

Le temps pressait et il allait être obligé d'étaler sur quelques jours ce qui se déroule d'habitude en plusieurs mois. Il fallait que le magnétisme de Mandy Brown fasse la différence.

Nabil El Khouri l'écoutait, laissant glisser entre ses gros doigts un chapelet d'ambre, grignotant une pistache. Blême.

(1) Avocat.

— Maintenant, enchaîna Malko, vous allez me dire tout ce que vous savez sur le capitaine Yehia Sharjaq.

Le Libanais sursauta.

— Sharjaq ? Mais je ne le connais pas bien...

Il envoya un regard de détresse à Zaghlool Mokha qui l'ignora ostensiblement. Et dut répondre aux questions de Malko qui essayait d'établir un portrait psychologique et une évaluation complète de l'officier yéménite. Tout : ce qu'il gagnait, sa vie sexuelle, sa femme, son métier, ses ressources financières, sa façon de vivre. Ses goûts. Buvait-il ? Etait-il attiré par l'Occident ? Fanatique ? Corrompu ? Ambitieux ?

Nabil El Khouri répondait à tout, vite remis dans la bonne voie par Malko dès qu'il s'égarait, sous l'œil amusé de Zaghlool Mokha. Le Libanais était défait. Ce n'était plus un petit coup de main qu'on lui demandait mais une vraie collaboration. En cas de pépin, il était fichu, liquidé, mort.

Malko était satisfait. Il n'était pas certain que son plan fonctionne, mais au moins, il possédait tous les éléments nécessaires à une superbe manip. Il n'y avait plus qu'à attendre Mandy Brown... Avant de se retirer, Nabil El Khouri vint baiser le poignet de Zaghlool Mokha, respectueusement, et sortit de la pièce, les jambes flageolantes.

— Il a été très coopératif, remarqua Malko.

Mokha leva les yeux au ciel, ravi.

— Si j'en exprime le souhait, on l'expulsera, on le jettera en prison ou on le tuera. Et si je lui retire mon réseau de changeurs, il est ruiné. C'est un homme raisonnable. Qu'Allah le protège.

Il se tut puis ajouta d'un ton plus léger :

— Si Allah le Miséricordieux — que son nom soit béni — ne daigne pas s'intéresser à son sort cela ne fera jamais qu'un Libanais de moins...

L'oraison funèbre de Nabil El Khouri était déjà prête.

La séance était levée. Zaghlool Mokha trottina jusqu'à la porte, ravi de sa bonne plaisanterie. Au moment de partir, il retint Malko.

— Demain matin, une voiture viendra vous chercher à votre hôtel à sept heures. Vous ne poserez pas de questions. Elle vous emmènera chez moi. Mon ami le cheikh Hafez al Ragheb vous y attendra ; je vous laisserai discuter les termes de votre accord concernant les armes...

Malko avait maintenant d'autres chats à fouetter mais il fallait mener de front les deux affaires. Le lendemain, Mandy Brown serait tout juste arrivée. Il restait à verrouiller les derniers détails de l'opération. Dans la voiture d'Oswald Byrnes, il demanda quand même :

— Ce Mokha semble vous être tout dévoué... pour un homme aussi puissant, c'est étonnant.

L'Américain eut un sourire rusé.

— Moi aussi, j'ai mon « lawyer ». Ce sont les Saoudiens. Il suffirait qu'ils interdisent à Mokha son petit trafic sur le rial yéménite pour qu'il perde deux cents millions de dollars par an... Il a beau être âgé, il a toujours peur de manquer...

La Chevrolet dut ralentir à cause des gens au milieu de la chaussée. Des gosses essayaient de voir à travers les vitres fumées qui se trouvait à l'intérieur. Malko se sentit soudain mal à l'aise. Il revoyait la tête aux yeux morts d'Amabeit au milieu du jardin embaumant le jasmin.

— On peut vraiment avoir confiance en El Khouri ? demanda-t-il.

Oswald Byrnes essuya ses lunettes pensivement.

— Je crois que le vieux Mokha le tient par les couilles. Mais on ne peut *jamais* avoir confiance à cent pour cent dans un Libanais.

Ce qui n'était pas follement encourageant pour la suite de leur affaire... Mais les dés étaient jetés.

Dans quelques heures, Mandy Brown se prélasserait dans un fauteuil Club de l'Airbus d'Air France pour Sanaa.

CHAPITRE XI

Mandy la salope promena un regard dégoûté sur l'aérogare minable et déserte, avant de pousser un gros soupir qui fit jaillir hors de sa mini-robe de jersey blanc une bonne moitié de ses seins bronzés. Réveillant un groupe de jeunes qui attendaient leur charter depuis une vingtaine d'heures. L'Airbus d'Air France s'était posé à 4 h 15 pile, sans aucun retard. Le douanier yéménite manqua en lâcher son passeport, et chercha à s'empêcher de la violer séance tenante.

— OK ? demanda Mandy lui adressant une œillade qui lui donna une envie furieuse d'envoyer sa femme dans le désert pour un très long pèlerinage.

Il retrouva sa voix pour demander :

— *Please, open the suit-case* (1).

Toujours ça de pris. S'il avait trouvé une Kalach et un kilo d'héroïne, il n'aurait rien dit. Mandy s'exécuta, révélant des piles compactes de slips, de guêpières, de bas et autres fanfreluches. Les porteurs la contemplaient avec l'adoration due à un descendant du Prophète. Le douanier voisin, le regard fixé sur ses seins, laissa passer un gros pot de miel contenant une demi-

_____

(1) S'il vous plaît, ouvrez votre valise.

douzaine de pistolets. Coquette, Mandy prit une guêpière noire, la plaqua sur son corps et demanda :

— *I look nice* (1) ?

Au bord de l'éjaculation, le douanier referma la valise. La robe de jersey arrivait péniblement à mi-cuisse. Mandy avait posé la pointe de sa botte sur le comptoir, la faisant remonter et découvrant le nylon mousseux d'un slip minuscule... Pour avoir des visions pareilles, il fallait mâcher au moins trois kilos de qat.

Mandy se tortilla un peu pour faire rentrer ses seins dans sa robe, se drapa dans son vison mauve et s'éloigna vers la sortie. Le balancement harmonieux de ses hanches en amphore semblait la propulser en avant, en équilibre sur ses bottes à hauts talons. Une large ceinture de croco cloutée soulignait la minceur de sa taille. La bouche trop épaisse détonait dans le visage faussement enfantin.

La foule s'écarta respectueusement sur son passage tandis que surgissait Nabil El Khouri dégoulinant de servilité. A tout hasard, il prit la main de Mandy et la baisa, un baiser glouton et baveux. La jeune femme braqua ses seins orgueilleux sur lui.

— Où est Malko ?

Le Libanais se décomposa.

— Ne prononcez pas ce nom ! *Please.* Nous allons le voir.

La peur lui avait rendu une expression humaine. Il la mena jusqu'à une Toyota aux vitres fumées ; le vent fit voler les longs cheveux teints en blond. Mandy bâilla. Cinq heures du matin ; généralement, elle se couchait à cette heure-là. Elle regarda les chauffeurs de taxi, jambia à la ceinture, dans leur drôle de costume, médusés.

Enfin, elle monta dans la Toyota et l'aéroport put

(1) Ça me va bien ?

reprendre sa vie normale. Mandy n'avait qu'une hâte :
retrouver Malko et lui prouver qu'elle était toujours
Mandy la salope. Elle n'avait jamais oublié qu'elle lui
devait les deux plus belles surprises de sa vie : trois
millions de dollars et son premier orgasme.

*
**

Malko attendait dans sa chambre, assourdi par les
muezzins qui venaient de lancer leurs premiers appels
quand le téléphone sonna. Il entendit un souffle,
personne ne parla et on raccrocha.

Il se leva et descendit, traversant le hall où dormaient les deux mouchards de service. Ali Abdul
Mughni était déserte. Il fit quelques pas et tourna
dans la voie longeant l'hôtel, s'enfonçant dans
l'ancienne ville turque. Vingt mètres plus loin, la
portière d'une voiture s'ouvrit. Nabil El Khouri était
au volant. Malko monta et le Libanais démarra aussitôt, fonçant dans le dédale des ruelles désertes, pour
éviter les barrages.

— Tout s'est bien passé ? demanda Malko.

— Très bien, affirma le Libanais. (Puis après un
silence :) Miss Brown est vraiment très belle...

Il supputait ce qu'elle pourrait lui rapporter dans
des conditions normales. Malko avait hâte de retrouver son cobra parfumé. Des Mandy Brown, il n'y en
avait pas des masses... La voiture stoppa dans une rue
étroite. El Khouri appuya sur un interphone niché
dans le vieux mur. Trois fois. Presque aussitôt, une
femme voilée vint ouvrir. La porte donnait dans un
couloir jaune, desservant plusieurs chambres.

— Quand vous aurez fini, vous partirez à pied, dit
le Libanais. L'hôtel n'est pas très loin. Ici, c'est absolument sûr. Cette femme est sourde et muette, et à
mon service depuis des années.

GRAND CONCOURS

GERARD DE VILLIERS

— PLON —

1er *prix* :
CINQ MILLIONS DE CENTIMES en espèces

2e *prix* :
Un voyage HAVAS à HONG KONG pour 2 personnes

3e *prix* :
Un voyage HAVAS à NEW YORK pour 2 personnes

4e *prix* :
Un voyage HAVAS à DAKAR pour 2 personnes

5e *prix* :
Une table basse création ROMÉO - Claude DALLE

6e *prix* :
Un téléviseur AKAI 55 cm

7e *et* 8e *prix* :
Un magnétoscope AKAI

9e *prix* :
Un téléviseur AKAI 40 cm

10e *et* 11e *prix* :
Une chaîne HI-FI AKAI

Du 12e *au* 500e *prix* :
Un livre de luxe : l'œuvre de P.-Y. TRÉMOIS

RÈGLEMENT DU CONCOURS
GÉRARD DE VILLIERS - PLON

Article premier. — La LIBRAIRIE PLON et GÉRARD DE VILLIERS organisent, du 1er MAI 1986 au 31 JUILLET 1986, un concours intitulé : « CONCOURS GÉRARD DE VILLIERS - PLON » réservé aux ressortissants de langue française résidant en France, Suisse et Belgique, à l'exclusion de tout autre pays, ainsi que des membres du personnel de la LIBRAIRIE PLON et du personnel attaché à GÉRARD DE VILLIERS.

Art. 2. — Les résultats seront proclamés avant le 30 SEPTEMBRE 1986.

Art. 3. — Le concours est doté des prix suivants :

1er prix : Cinq millions de centimes (50 000 F) en espèces.

2e prix : Une semaine à HONG KONG pour deux personnes (avion Paris-Hong Kong-Paris, hôtel plus petit déjeuner) d'une valeur de 18 900 F.

3e prix : Une semaine à NEW YORK pour deux personnes (avion Paris-New York-Paris, hôtel) d'une valeur de 15 300 F.

4e prix : Une semaine à DAKAR pour deux personnes (avion Paris-Dakar-Paris, hôtel plus petit déjeuner) d'une valeur de 11 300 F.

5e prix : Une table basse haute décoration, création ROMÉO Claude DALLE d'une valeur de 25 000 F.

6e prix : Un téléviseur AKAI 55 cm - Type CTF 211 d'une valeur de 6 000 F.

7e prix : Un magnétoscope AKAI - Type VS 112 S d'une valeur de 5 900 F.

8e prix : Un magnétoscope AKAI - Type VS 112 S d'une valeur de 5 900 F.

9e prix : Un téléviseur AKAI 40 cm - Type CTS 151 d'une valeur de 5 000 F.

10e prix : Une chaîne HI-FI AKAI - Système PRO A 100 d'une valeur de 4 200 F.

11e prix : Une chaîne HI-FI AKAI - Système PRO A 100 d'une valeur de 4 200 F.

Du 12e au 500e prix : Un livre de luxe : l'œuvre de Pierre-Yves TRÉMOIS d'une valeur de 420 F.

Validité des voyages : du 15 septembre 1986 au 31 janvier 1987.

Art. 4. — Ce concours ne comporte pas d'obligation d'achat. Pour y participer, les concurrents devront remplir intégralement la carte postale qu'ils trouveront chez leur libraire ou dépositaire de livres. Les réponses adressées sur tout autre support ne seront pas acceptées, ainsi que les cartes postales envoyées sous enveloppe. Une seule carte postale sera acceptée par personne et un seul prix sera attribué par foyer.

Art. 5. — Les cartes postales devront être adressées à la LIBRAIRIE PLON, CONCOURS GÉRARD DE VILLIERS, 8, rue Garancière 75285 Paris Cedex 06, avant le 31 juillet 1986, le cachet de la poste faisant foi. Toute carte postale illisible, incomplète ou raturée sera éliminée.

Art. 6. — Pour gagner, il faut répondre aux 13 questions figurant sur la carte postale. En cas d'ex-aequo, un tirage au sort effectué en présence de l'huissier désignera les lauréats.

Art. 7. — La LIBRAIRIE PLON et GÉRARD DE VILLIERS ne seraient être tenus pour responsables pour tout retard et avaries dûs à la poste et au transport.

Art. 8. — Les gagnants des 11 premiers prix seront avisés avant le 30 septembre 1986. Les autres prix seront envoyés avant le 31 décembre 1986.

Art. 9. — La participation au concours implique l'acceptation pleine et entière du présent règlement qui a été déposé à l'étude de Maître PACALON, 17 boulevard Raspail 75007 Paris, ainsi que les réponses aux questions posées.

Art. 10. — Toute difficulté pouvant survenir à l'occasion du présent concours sera tranchée par la Direction de la LIBRAIRIE PLON.

La servante le guida dans un dédale de couloirs, puis poussa une porte.

Mandy Brown était assise sur un lit à baldaquin dans une pièce éclairée par des vitraux multicolores à la mode yéménite, aux murs blancs décorés de peintures érotiques indiennes. Occupée précisément à contempler l'accouplement compliqué d'un rajah, de ses deux favorites et de leur chien extrêmement bien doté par la nature. Il régnait une chaleur étouffante. Mandy se retourna.

— Malko !

Ils ne s'étaient pas vus depuis plus d'un an, à Saint-Thomas, dans les Caraïbes. Mandy se rua en avant, écrasant sa bouche contre la sienne, se plaquant à lui avec la force d'un boa constrictor. Malko sentit une langue aiguë aller à la rencontre de la sienne, s'enrouler autour de ses amygdales, ressortir, lui taquinant l'oreille à petits coups rapides. Le pubis collé au sien, elle détacha sa bouche pour murmurer :

— J'ai envie de toi, je me suis caressée dans l'avion depuis Le Caire. Je n'en pouvais plus.

Le contact de ce corps chaud et parfait éveilla instantanément Malko. Il parcourut l'écrin de jersey blanc, ne trouvant aucun obstacle dessous. Mandy s'était calmée, mais son bassin s'agitait doucement contre lui, envoyant un signal érotique encore plus fort. Ses yeux avaient pris une expression vide, concentrée. Elle glissa une main indiscrète entre leurs deux corps, effleura Malko, le dégagea d'un tour de poignet habile, le massa sur toute sa longueur, la tête un peu rejetée en arrière. Ils oscillaient, debout au milieu de la pièce, soudés l'un à l'autre.

Malko souleva la robe, la fit remonter sur les hanches, trouva la peau tiède et soyeuse.

Lorsque son pouce effleura la pointe d'un sein, Mandy gémit, se colla encore plus à lui. Il était loin le temps où elle était frigide... Les bouts de ses seins étaient durs comme du marbre. Malko voulut faire passer la robe par-dessus sa tête, elle résista.

— Non, non, prends-moi comme ça.

Il aperçut alors sur le tapis la boule blanche du slip. Elle avait pris ses précautions. Elle se laissa tomber à genoux devant lui. Il avait oublié à quel point le contact de sa bouche pouvait être doux et brûlant. Un fourreau souple et vivant qui l'amenait au bord du spasme et le calmait d'une caresse fraîche. Plus salope que jamais. C'est lui maintenant qui n'en pouvait plus.

A genoux, la croupe cambrée, la robe retroussée en haut des cuisses, Mandy Brown se concentrait sur sa fellation comme si sa vie en avait dépendu. Malko l'écarta, la bouscula sur les coussins où elle se laissa enfouir avec des gestes pleins de langueur. Il se glissa derrière elle, remonta la robe en la prenant par les hanches, se pencha à son oreille.

— Je vais t'ouvrir. Partout.

— Non, non, fit-elle. Je ne veux pas.

Il s'enfonça dans son ventre avec la raideur d'une bielle et les reins de Mandy se creusèrent encore plus. Elle mordit les coussins de soie, les pointes de ses bottes crissèrent sur le tapis, elle trembla sous le choc d'un orgasme instantané, brutal, qui lui arracha un cri vite étouffé. Malko serra les dents pour ne pas se laisser aller puis entreprit de la besogner lentement, à son rythme, l'ouvrant comme il le lui avait promis.

Une houle irrésistible agitait le bassin de la jeune femme, la balançant d'avant en arrière. Bien calée dans les coussins, elle accrocha ses bottes au tapis pour que Malko puisse la labourer à son aise. Le jour se levait, baignant la pièce d'un éclairage multicolore. Un muezzin tout proche s'égosilla, couvrant leurs halètements.

Malko était lucidement excité. C'était bon de retrouver cette merveilleuse salope au corps parfait.

Très lentement, il commença à se retirer. Aussitôt, Mandy glissa en arrière pour le garder en elle.

— Non ! protesta-t-elle.

Malko se libéra d'un coup de reins sec. Puis aussitôt revint un peu plus haut, resserrant sa prise sur les hanches de Mandy. Celle-ci fit semblant de lui échapper et gémit.

— Non, attends ! Prends-moi encore de l'autre côté.

Malko n'écoutait plus, repris par un de ses fantasmes les plus coriaces. Il pesa de tout son poids, Mandy cria un peu, rien ne se passa, puis d'un coup, les reins de la jeune femme s'ouvrirent et il s'enfonça en elle de toute sa longueur.

Une fraction de seconde exquise, une sensation fabuleuse. Il demeura immobile pour en profiter pleinement.

Puis il murmura à son oreille :

— Tu vois que tu étais ouverte.

Mandy se mit à haleter très fort, comme si elle suffoquait. Sa tête remuait de droite et de gauche, elle cria, sans que Malko sache si c'était le plaisir ou la douleur. Maintenant, elle se démenait furieusement sous lui comme si elle avait voulu le désarçonner.

Il en profita pour l'agenouiller et la sodomiser lentement, profondément, se retirant chaque fois presque entièrement.

Soudain, une secousse violente ébranla Mandy. Elle poussa un gémissement plus fort que les autres, étranglé, se mit à trembler. Malko ne put retenir son plaisir et explosa dans ses reins, accroché à elle. Mandy hurla, couvrant la voix du muezzin, tandis qu'il se vidait en elle. Trempés de sueur, ils demeurèrent collés l'un à l'autre. Mandy semblait dormir, les yeux fermés. Soudain, elle murmura d'une voix mourante :

— *God !* Ce que c'est bon ! J'en rêvais dans l'avion.

Elle tourna légèrement la tête pour ajouter :

— Je suis conne ! Je crois que je suis toujours un peu amoureuse de toi...

Malko rejeta les longs cheveux qui lui couvraient le visage et dit avec tendresse :

— Tu avais tort de ne pas vouloir que je te viole... Tu étais déjà ouverte.

Une lueur furieuse passa dans les yeux sombres.

— Idiot ! Je ne le fais qu'avec toi. Je fonds. Avec les autres, je suis contractée. Et puis, merde, crois ce que tu veux...

Blessée. Malko recommença à bouger en elle, lui prouvant qu'il ne l'avait pas oubliée. Quelques instants plus tard, ils étaient de nouveau en pleine extase. Il allait d'une ouverture à l'autre, la prenant jusqu'à n'en plus pouvoir. Quand ils furent bien rassasiés, ils se traînèrent jusqu'au lit et Mandy ôta enfin sa robe froissée et ses bottes.

— Quand est-ce qu'on va à la plage ? demanda-t-elle. Il y a des dauphins ?

Elle avait toujours adoré les dauphins... Malko lui sourit.

— Il y a une petite formalité avant.

Mandy lui jeta un regard noir.

— Salaud ! Tu vas encore me demander de me taper une horreur. Je refuse !

— C'est pour la bonne cause, dit Malko.

Mandy haussa les épaules, mais ne protesta pas. Sa vie aventureuse l'avait habituée au risque...

***

Lorsque Mandy Brown fit son apparition à la piscine du *Sheraton*, ses longs cheveux blonds cascadant sur les épaules, les pointes de ses seins et son pubis vaguement abrités par des triangles de lastex doré, le cerveau des quelques mâles présents se mit à bouillir.

Elle fit le tour du bassin, juchée sur ses talons de quinze centimètres, contrôlant parfaitement le balancement de ses hanches rondes, la croupe soigneusement cambrée, son petit mufle sensuel impassible, le regard impénétrable derrière des verres fumés avant de se laisser tomber dans une chaise longue. Mandy ôta ses lunettes et promena lentement son regard sur tous les hommes présents, avec l'insolence de sa beauté. Elle l'arrêta un instant sur un homme à la quarantaine enveloppée, avec une moustache conquérante, de lourdes paupières et des cernes bistres sous les yeux. Un grand costaud dans un maillot rayé qui lui faisait des bourrelets aux hanches. Puis elle appela le garçon.

— *Give me a Pepsi!*

Les narines du moustachu se dilatèrent, reniflant la traînée de parfum que Mandy avait laissée derrière elle. Tous, le souffle coupé, attendaient le mâle qui ne pouvait éviter de la rejoindre. Mais personne ne vint. Mandy Brown remit ses lunettes noires et s'allongea sur le ventre, offrant la cambrure de ses reins à ses admirateurs. Sa présence illuminait la piscine d'habitude sinistre avec son ciment et son gazon artificiel. On n'y avait pas vu une créature pareille depuis longtemps. A côté d'elle, même la pulpeuse Elvira Ploesti ressemblait à une bonne.

Le moustachu n'arrivait pas à détacher les yeux d'elle. Son rêve. Même lorsqu'il était en Europe, il n'en avait jamais vue de semblable. Elle se retourna et il crut défaillir lorsqu'elle ôta tranquillement son soutien-gorge, révélant une poitrine ferme et ronde. Le garçon se précipita pour éviter une émeute. Le moustachu l'arrêta au passage.

— *Malesh…* (1)

L'employé n'insista pas. Le capitaine Sharjaq venait

_____

(1) Ça n'a pas d'importance.

tous les matins au *Sheraton* et tout le monde savait qu'il travaillait à l'Elham El Makasi. Il ne fallait pas être plus royaliste que le roi.

Le capitaine Sharjaq essaya en vain d'accrocher le regard de la nouvelle venue. Il sentait son sexe grossir sous son maillot et en avait presque honte. Il dut aller se tremper et ressortit, faisant des effets de pectoraux devant la jeune femme totalement indifférente. Dégoûté, il décida de partir aux nouvelles. Un seul homme pouvait l'aider. Il remonta au rez-de-chaussée, s'engouffra dans une cabine téléphonique, puis composa le numéro de Nabil El Khouri. Anxieux, comme si sa vie en dépendait.

— *Aiwa ?*

Jamais il n'avait été aussi content d'entendre la voix du Libanais. Ce dernier commença par les inévitables formules de politesse, coupées très vite par le Yéménite.

— Il y a une fille fabuleuse à la piscine du *Sheraton*, dit-il. Je veux savoir qui c'est.

— Il y a toujours de jolies femmes, répliqua le Libanais. Ce doit être l'épouse d'un diplomate. Tu es fort et beau comme un chameau, tu ne devrais pas avoir de mal à la séduire…

Le capitaine balaya le compliment.

— Ce n'est pas une femme de diplomate, dit-il, je ne l'ai jamais vue. C'est une étrangère. Blonde. *Al Gama* (1).

— Ah, fit soudain El Khouri, comme frappé d'une inspiration. C'est peut-être la chanteuse que j'ai engagée pour le prochain spectacle. J'ai été la chercher ce matin à l'Air France de Paris. Je n'avais pas remarqué qu'elle était si belle, mais j'étais mal réveillé… Et je pensais qu'elle irait se coucher après un si long voyage.

— Quoi ? Tu la connais ? rugit Sharjaq.

(1) La lune : symbole de la perfection dans le monde arabe.

— Si c'est elle, oui, fit modestement le Libanais.

— Viens immédiatement, ordonna Sharjaq. Je veux que tu me présentes. Je t'attends.

Nabil El Khouri raccrocha, le cœur tordu d'angoisse. Le piège avait fonctionné. C'est lui qui avait révélé à Malko que Yehia Sharjaq venait bronzer tous les matins à la piscine du *Sheraton*. Il était sur la pente glissante qui risquait de lui coûter sa tête.

CHAPITRE XII

Habillée, Mandy Brown était encore plus sexy. La robe de lainage rayée la moulait comme un gant érotique et elle ne cessait de croiser et décroiser les jambes, laissant deviner l'ombre de son ventre à Yehia Sharjaq qui en oubliait de boire son Pepsi.

Il n'arrivait pas à détacher les yeux de cet incroyable objet sexuel. Le rêve impossible de l'homme marié. Depuis que Nabil El Khouri les avait présentés l'un à l'autre, Mandy Brown l'avait à peine regardé, hiératique et lointaine, laissant son corps parler pour elle. Yehia Sharjaq en avait des sueurs froides, craignant que la jeune femme ne s'évanouisse dans l'air comme un djinn...

Nabil El Khouri essayait de ne pas penser à ce qui se passerait si Sharjaq découvrait sa félonie.

Aussi, la conversation manquait-elle d'animation. D'habitude beau parleur, Yehia Sharjaq ne savait que dire. Mandy Brown rompit soudain le silence pour demander :

— Est-ce qu'on trouve des voitures à louer ici ? Je voudrais me promener un peu, il paraît que c'est plein de bijoutiers.

Sharjaq sauta sur l'occasion.

— Je peux vous emmener où vous voulez.

Mandy posa sur lui un regard indifférent.

— Vous n'avez pas trop de travail?

Il envoya mentalement le travail au diable.

— Si vous êtes libre, nous pouvons aller en ville maintenant, proposa-t-il. Je vous ferai visiter le bazar.

Mandy étouffa un bâillement non simulé.

— Oh non, pas maintenant. Peut-être cet après-midi. Je vais me reposer.

Elle se coula hors de son fauteuil et s'éloigna dans le hall de sa démarche inimitable. Sharjaq avait l'impression qu'on lui versait de la lave en fusion dans le ventre. L'après-midi, il était supposé débriefer un gouverneur de province. L'autre attendrait. Il se tourna vers Nabil El Khouri.

— Si tu laisses un autre homme approcher cette femme, je te tue.

A son tour, il se leva. Dans l'état où il était, il se sentait capable de baiser la boîte à gants de sa voiture.

*
**

Le cheikh Seif Al Islam Hafez Al Ragheb portait une fouta bleu pâle qui laissait à l'air de maigres mollets, une veste marron un peu rapiécée, des chaussures éculées. Le visage tout ridé semblait encore plus ratatiné sous le gros turban de travers. Il se tenait très droit, une énorme jambia à l'étui vert et blanc sur l'estomac, disproportionnée par rapport à son corps frêle.

Le grand *mofrech*, à part les tapis, ne comportait qu'une rangée de chaises aux accoudoirs de bronze ciselé représentant une tête de bélier — une création Romeo. Assis sur l'une d'entre elles, le cheikh serrait entre ses genoux une vieille Kalachnikov, un long fume-cigarette dans sa main gauche où se consumait une cigarette rose.

Il se leva vivement quand Malko entra, introduit par

la belle Latifa qui avait pincé sur sa narine gauche une petite pastille d'or. La voiture de Zaghlool Mokha était venue le chercher avec deux heures de retard et il avait eu du mal à ne pas se rendormir après sa nuit écourtée et tumultueuse.

Zaghlool Mokha apparut sur ses talons, fonça sur le petit cheikh et les deux hommes s'embrassèrent chaleureusement. Ils eurent ensuite une courte conversation en arabe et le cheikh s'avança vers Malko, l'étreignit et lui baisa l'épaule puis porta la main à son cœur.

— *Welcome to Yemen,* dit-il en anglais rocailleux.

Puis il s'assit sur un des sièges alignés le long du mur. Un serviteur apparut avec un plateau, du thé et des gâteaux au miel et des amandes. Mokha entreprit alors d'exposer les desiderata de Malko et la conversation se poursuivit, moitié anglais, moitié arabe.

— Dites-lui ce que vous voulez exactement, conseilla Mokha.

Malko sortit la liste préparée par Oswald Byrnes et la lut lentement. Le cheikh Al Ragheb prit un stylo dans l'étui de sa jambia et se mit à noter, tout en se goinfrant de gâteaux au miel. A la fin, il hocha la tête et laissa tomber :

— *It is possible...*

— Mon ami Hafez vit dans la région de Sadaa, expliqua Mokha. Très loin dans le Nord. Là-bas, il y a des marchés d'armes libres.

Le cheikh faisait ses petits calculs. Il releva la tête pour dire :

— Cela fait plus de dix millions de rials.

— Je sais, répondit Malko, sans discuter.

— Quand faut-il tout cela ?

— Le plus vite possible.

Le cheikh fit une grimace qui lui déforma la bouche de façon comique.

— Quatre jours, si je repars demain matin. Je suis un vieil homme.

— La livraison aura lieu à Sanaa ? demanda Malko.

Le cheikh Hafez Al Ragheb eut un sourire édenté devant tant de naïveté.

— Non, je ne peux pas venir ici avec tant d'armes. Le gouvernement central penserait que je veux faire la Révolution.

— La tribu des Bakils n'a jamais complètement reconnu l'autorité de Sanaa, expliqua Zaghlool Mokha.

— Alors où ? demanda Malko.

— A Mareeb, proposa le cheikh. Il y a des pistes qui arrivent jusque-là et les *ascaris* (1) du gouvernement nous laissent en paix.

— D'accord pour Mareeb, accepta Malko. Comment faisons-nous ?

Zaghlool Mokha répondit à la place du cheikh.

— Demain matin, à la même heure, vous apportez ici la moitié de la somme, en dollars américains. Le cheikh vous communiquera le lieu et l'heure exacts du rendez-vous. Vous donnerez le reste de l'argent à la livraison.

Hafez Al Ragheb but une gorgée de thé, reprit son fume-cigarette, puis gratta son mollet nu. Parfaitement indifférent aux états d'âme de Malko. Il échangea quelques mots en arabe avec son hôte puis se tourna vers Malko.

— *Boukhra...*

Ils se levèrent tous, Malko eut droit à un nouveau baiser sur l'épaule et le petit cheikh sortit.

Zaghlool Mokha semblait ravi.

— Voici une affaire faite, dit-il. Je vous attends demain avec les dollars.

Malko tiqua.

— Je croyais qu'il voulait des rials yéménites.

_____

(1) Soldats.

Le vieux milliardaire eut un sourire rusé.

— Il faut bien que j'aie un intérêt dans cette affaire...

Echanger de bons et beaux dollars contre du papier chiotte, il fallait être fort... Paternellement, Zaghlool Mokha raccompagna Malko à travers sa plantation de qat. Avant de le quitter, il lui adressa un coup d'œil plus qu'amical.

— Faites attention, dit-il. J'ai eu des informations. On vous surveille. Des gens qui travaillent pour Bazara.

Malko regarda autour de lui et aussitôt Mokha remarqua :

— Vous ne risquez rien en sortant de chez moi. Ils n'oseraient pas.

Il monta dans la Mercedes de Mokha et cahota quelques centaines de mètres pour retrouver une route alphaltée, méditant l'avertissement du vieux Yéménite.

*
**

Mandy Brown émergea du plus grand bijoutier de Nasser Road, radieuse, les bras couverts de bracelets, trois colliers d'or ajouré autour du cou, des bagues à tous les doigts. Yehia Sharjaq avait craqué comme un fou. Il faut dire que Mandy avait mis le paquet. Après sa sieste matinale, elle l'avait envoyé dix fois sur les roses au téléphone, prétextant la fatigue, l'ennui d'aller en ville, tout. Elle n'avait cédé qu'en sentant qu'il n'allait plus rappeler avant le lendemain. Et ensuite, elle s'était conduite comme n'importe quelle milliardaire. Entrant dans la plus belle bijouterie et entassant sur le comptoir tout ce qui lui plaisait vaguement...

Sans se faire prier Sharjaq avait aussitôt rédigé un chèque, accepté par le bijoutier après une courte discussion en arabe. Dans la Nissan du Yéménite, Mandy se dit qu'elle devait faire un geste. Elle se pencha vers le capitaine et l'embrassa dans le cou.

— Vous êtes fou, il ne fallait pas.

Pour être fou, il était fou... Il avait claqué deux ans de solde en une heure et fait un chèque sans provision, promettant de le couvrir dans deux jours.

Mais pour l'instant, il ne sentait que la brûlure de son ventre...

A peine Mandy fut-elle contre lui, qu'il passa un bras autour de sa taille et l'arracha presque de son siège. Sa main remonta la robe et se plaqua sur le slip de la jeune femme, tandis qu'il murmurait des obscénités bien choisies... Mandy se défendit mollement. Tout cela faisait partie du plan. Les doigts de Yehia Sharjaq écartèrent le nylon, pétrissant fébrilement le sexe, sans souci des passants. Heureusement que la nuit était presque tombée. Mandy passa alors la vitesse supérieure. Comme si elle n'en pouvait plus de désir, elle allongea la main, trouva le sexe tendu de son soupirant et se mit à le masser avec vigueur.

Le résultat ne se fit pas attendre. Le capitaine Sharjaq eut un sursaut violent, ses doigts se crispèrent sur le ventre de Mandy Brown, il poussa un grognement d'agonie exquise et se répandit dans son pantalon beige. Mandy garda la main sur le corps du délit puis la retira lentement avec une moue de reproche.

— Vous n'avez pas honte ! Si on nous avait vus !

Non, il n'avait pas honte. Il était même prêt à continuer mais les femmes voilées qui se pressaient sur le trottoir commençaient à jeter des coups d'œil intrigués à la voiture qui tanguait.

Un peu douché par son orgasme inattendu, Yehia Sharjaq reprit le volant et se hâta de filer vers la place At Tahrir. A la fois apaisé et frustré. Mandy lui adressa un tendre regard.

— *My God,* je ne vous croyais pas si émotif. Nous rentrons à l'hôtel prendre le thé ?

Normalement, il était calmé pour un moment... Mais

au lieu de tourner dans Abdul Mughni, il replongea dans la vieille ville.

Cinq minutes plus tard, il s'arrêtait devant une porte basse en bois, seule ouverture d'un grand mur aveugle. La maison de passe de Nabil El Khouri. La sourde-muette lui ouvrit. Elle l'avait déjà vu souvent, mais d'habitude, il arrivait seul. Elle les conduisit droit à une chambre et les y laissa. Mandy faillit pousser un cri en reconnaissant le lit à baldaquin. C'est là qu'elle avait fait l'amour avec Malko quelques heures plus tôt !

— Où sommes-nous ? demanda-t-elle, faussement naïve. Je pensais que nous allions prendre le thé.

Normalement, sa méthode calmait un homme pour quelques heures. Mais le capitaine Sharjaq était une bête. Sans répondre, il l'enlaça et la jeta littéralement sur le lit, la dépouillant de sa robe. Il resta une seconde fasciné par son corps, puis, à toute vitesse, se débarrassa de ses vêtements. Lorsque Mandy le découvrit, elle ne put réprimer un regard admiratif : l'officier yéménite semblait ne pas avoir fait l'amour depuis trois mois.

— *Holy cow !* murmura-t-elle.

C'est tout ce qu'elle eut le temps de dire. Sharjaq, nu comme un ver, venait de passer autour de son front un bandeau élastique vert comme un joueur de tennis démarrant une compétition. Le fou rire de Mandy Brown se termina sur un soupir rauque.

Sharjaq, ayant arraché son slip, s'enfonçait en elle d'une poussée brutale jusqu'à la garde. Elle eut l'impression d'être transpercée par une tige d'acier chauffée à blanc. Elle demanda mentalement pardon à Malko, puis se mit au travail. Emue, quand même, de ce sexe puissant dans son ventre.

Gémissements, cris, coups de griffes, détentes de jambes et finalement un long hurlement, les poings serrés, les jambes nouées dans le dos du Yéménite, Yehia Sharjaq eut droit à tout. En trente-huit secondes environ car Mandy avait merveilleusement joué de ses muscles internes savamment contrôlés. Il se sentit un peu frustré, ayant décidé de faire durer le plus longtemps possible un plaisir si chèrement acquis... Il avait à peine transpiré.

Il continua à la couvrir de baisers, à pétrir ses seins admirables, tandis que Mandy se laissait faire, pleine de langueur. Préparant l'arnaque finale, quelques instants plus tard elle prit la tête du Yéménite entre ses deux mains, l'air extasié et fit, d'une voix bouleversée :

— C'est incroyable ! Jamais, jamais, ça ne m'est arrivé !

— Quoi ? demanda le capitaine, avalant l'hameçon, l'appât, la ligne et la canne.

— De jouir comme cela, dit Mandy d'une voix de petite fille. Tu es si gros, si fort, tu fais ça si bien. Oh, j'aurais voulu que cela ne s'arrête jamais...

Yehia Sharjaq crut que son crâne explosait. Non seulement il avait réalisé son fantasme en quelques heures, mais elle lui révélait sa valeur... Du coup, il remonta à l'assaut... Mandy Brown n'en revenait pas. Comme il abaissait sa tête vers son ventre, elle consentit à l'effleurer d'une bouche faussement maladroite, avant de se retourner sciemment sur le ventre, jouant avec le feu.

Devant cette croupe ronde et cambrée, Yehia devint carrément fou. Il se jeta dessus, de nouveau en érection. Tenant les hanches de Mandy à deux mains, il la secouait comme un prunier, s'enfonçait en elle à la façon d'un piston de locomotive.

Il eut bientôt une autre idée. Mandy commença à hurler avant même qu'il tente de la sodomiser.

— Non, non, chéri, pas ça, je ne l'ai jamais fait !

Il continua, la sueur au front, les dents serrées et elle renchérit :

— Arrête ! Tu es trop fort !

Cela ne suffit pas. Elle eut beau se resserrer au maximum, inexorablement, il approchait du but. Alors, elle tourna la tête et dit de sa voix de petite fille :

— Pas cette fois, mon chéri, je ne te connais pas encore assez. Fais-moi encore jouir comme tout à l'heure. Plus tard, tu me le feras, je te jure.

Cette fois, Yehia céda, revenant au ventre de Mandy. Elle eut l'impression que cela durait des heures. Vidé par ses deux orgasmes, le Yéménite la prenait inlassablement, dans toutes les positions, régulier comme une machine, transpirant comme un bœuf, les cheveux collés par la sueur. Sans le bandeau vert, il aurait dégouliné. Mandy n'en pouvait plus. Enfin, il s'assouvit avec un grognement d'extase et resta collé à elle. Mandy Brown, rompue, à vif, dit d'une voix mourante :

— *My God,* j'avais rendez-vous pour une répétition. Il faut vite me ramener au *Sheraton.*

Yehia Sharjaq se rhabilla comme dans un rêve et garda ensuite pendant tout le parcours sa main entre les cuisses de Mandy. Ils s'embrassèrent encore si fougueusement dans le parking de l'hôtel qu'elle crut avoir droit à un quatrième épisode, mais elle réussit à le calmer à temps.

— Je te vois à quelle heure demain ? demanda-t-il.

Elle prit l'air évasif.

— Je crois que je vais à Taez, avec El Khouri...

— N'y va pas !

Un cri du cœur. Elle lui sourit tendrement.

— Je vais faire mon possible. Appelle-moi demain vers neuf heures.

Elle se glissa hors de la voiture et il la regarda s'éloigner, une boule dans la gorge. Ce n'est que sur le Ring Road qu'il fit vraiment le point. Il devait trouver avant quarante-huit heures près de cent mille rials pour payer le bijoutier... Sinon, c'était le scandale.

Et il lui en faudrait plus, car il avait affirmé à Mandy qu'il était très riche, et elle paraissait aimer les bijoux...

Même cette triste pensée n'arriva pas à gâcher son plaisir. A peine entré chez lui, après avoir embrassé son fils, il s'enferma et se mit à rêver à Mandy Brown.

Dure journée ! Mandy Brown s'étendit dans sa baignoire, massant ses membres moulus. Le Yéménite avait des mains de fer. Elle sourit au plafond, se disant qu'elle avait bien travaillé pour Malko. Son nouvel amant était accroché et il allait revenir à la charge. Elle avait été un peu dépassée par les événements, mais finalement, ce n'était pas désagréable.

Sortant de son bain, elle se mit devant la télévision, regrettant de ne pouvoir s'endormir dans les bras de Malko. Le lendemain, elle allait disparaître afin de faire monter la pression.

Nabil El Khouri décrocha le téléphone posé sur le comptoir de son restaurant. Les premiers clients arrivaient pour dîner.

— *Aiwa*.

— C'est moi, Yehia.

Quand il utilisait son prénom c'est qu'il avait besoin d'un service. Le Libanais n'en fut que plus onctueux.

— Alors, content ? demanda-t-il.

— Ravi, fit le capitaine. Mais j'ai besoin de toi.

— Tu sais bien que je suis ton serviteur fidèle, répliqua le Libanais qui savait déjà de quoi il s'agissait.

— Un petit prêt pour quelques jours.

Le Libanais donnait un peu dans le prêt usuraire, parmi ses nombreuses activités.

— Si je le peux.

Silence, puis Yehia annonça d'une voix quand même un peu tendue :

— Cent mille rials pour deux jours.

Nabil El Khouri salua mentalement Mandy Brown, avant de dire prudemment :

— Je ne dispose pas moi-même de cette somme, et je le regrette. Mais je connais quelqu'un qui pourra t'aider. Peux-tu passer demain vers midi au restaurant ? J'aurai l'argent.

— Que la bénédiction d'Allah soit sur toi, fit l'officier yéménite.

Nabil El Khouri attendit quelques minutes avant d'appeler un autre numéro et d'expliquer ce qui se passait. Il raccrocha avec une sensation bizarre. C'était excitant comme de jouer à la roulette russe avec un gros enjeu. Mais il était obsédé par le « boum » qui pouvait terminer la partie pour lui. Il se consola en pensant que le poisson était bien ferré et que très vite, on allait pouvoir le sortir de l'eau.

Puis, il appela un gamin qui lui servait de grouillot et lui murmura des instructions à l'oreille.

Mohammed Bazara était tellement tendu qu'il sursauta lorsqu'on frappa à la porte de son bureau, comme s'il avait reçu une décharge électrique. Ce n'était qu'un planton lui apportant un exemplaire de *Arab News*.

Un petit picotement désagréable zigzagua le long de sa colonne vertébrale. Il regarda la date du journal. Il datait du mardi précédent. Il s'agissait d'un code établi entre Oleg Kopecki et lui. Lorsque le Soviétique voulait lui faire parvenir un message « hermétique » il lui faisait porter un exemplaire d'*Arab News*. Selon le jour de la semaine, le message était différent. Le mardi signifiait « Je vous attends immédiatement à notre lieu de rendez-vous habituel. »

Mohammed Bazara se regarda machinalement dans la glace accrochée près de la porte, sortit et appela son chauffeur et ses gardes du corps, des hommes de son village.

Qu'est-ce que le Soviétique pouvait bien lui vouloir ?

Il n'avait pas encore répondu à cette question quand il se retrouva en face d'Oleg Kopecki, dans le petit appartement. Le Soviétique avait sa tête des mauvais jours et fumait littéralement de rage. Sans même dire bonjour, il lança au Yéménite :

— Tovaritch Bazara, je me demande si j'ai eu raison de te faire confiance...

Suivit un silence lourd de sous-entendus. Le Yéménite cherchait désespérément dans sa tête ce qu'il avait pu faire comme nouvelle gaffe. Voyant qu'il ne se décidait pas à parler, Kopecki lança :

— Tu ne m'avais pas dit que l'agent des Américains était accompagné d'une femme lors de son déplacement à Hodeyda ?

Bazara se troubla.

— Non, avoua-t-il. Je ne l'ai pas identifiée. On ne l'a jamais revue avec lui. C'était peut-être une touriste...

L'autre le foudroya du regard.

— Ce n'était *pas* une touriste. C'était une *hakima* (1). Celle qui habite l'appartement où nous nous trouvons en ce moment !

Mohammed Bazara s'assit, les jambes coupées.

— Comment...

— On m'a fait un rapport, coupa sèchement le

(1) Femme-médecin.

Soviétique. Une personne qui travaille pour moi. Je n'avais pas fait le rapprochement.

— Il faut...

— Ah non, grinça Kopecki, tu me laisses faire. J'ignore ce qu'il a pu apprendre, et beaucoup d'autres choses. Je lui ai fait interdire de le revoir, mais cet incident m'inquiète beaucoup. Cet homme se révèle extrêmement dangereux, dans la mesure où il approche de notre cercle sensible. Il faut donc l'éliminer au plus vite. Mais discrètement. Tu as compris ?

— Oui, fit d'une voix faible Mohammed Bazara.

CHAPITRE XII

Un gamin guettait Malko dans le parking du *Taj Sheba*. Dès qu'il s'approcha de la Suzuki, il lui prit la main et la tira avec insistance. Sans un mot. Puis il la lâcha et s'engagea dans la ruelle sans trottoir s'enfonçant dans la vieille ville. Jadis les maisons aux fenêtres cernées à la chaux devaient être coquettes. Maintenant, elles s'écroulaient sans recours et les jardins parfumés étaient transformés en terrains vagues malodorants. Son jeune guide l'arrêta près de l'épave d'une Volkswagen devant une maison et frappa à une petite porte de bois cloutée. Elle s'ouvrit et il poussa Malko à l'intérieur. La sourde-muette attendait. C'était une autre entrée du « complexe » hôtelier de Nabib El Khouri.

Cette fois, la vieille lui fit traverser un petit souterrain et il déboucha dans un patio d'où on apercevait le mur de l'ambassade américaine. On le fit pénétrer dans une pièce carrée, éclairée par les vitraux en demi-lune enchâssés dans le plâtre. Une banquette courait le long des murs, recouverte de coussins. A proximité se trouvaient deux tables basses en cuivre. C'était beaucoup moins luxueux que la partie où Malko était déjà allé. Mandy Brown surgit d'une autre porte et se jeta dans ses bras.

Dès qu'il réussit à l'écarter un peu, il lui demanda :

— Alors ? Comment cela se passe-t-il avec Sharjaq ?
Elle baissa pudiquement les yeux.

— Je ne peux pas te dire tout…

— Bon, je m'en doute, fit Malko, un peu agacé. Mais
en dehors de cela ?

— Il a craqué chez les bijoutiers. C'est pas terrible,
mais ici, on n'est pas dans un pays civilisé. Je crois que si
je me donne un peu de mal, il va vider toutes les
boutiques pour moi… Je savais pas qu'il avait autant de
blé..

La porte s'ouvrit soudain sur Nabil El Khouri, la
paupière torve et le regard glauque. Il s'inclina cérémo-
nieusement devant Mandy Brown avant de demander à
Malko :

— Etes-vous satisfait de la façon dont les choses se
passent ?

— Jusqu'ici, oui, dit Malko. Apparemment, le capitaine Sharjaq est en train de claquer ses économies…

Nabil El Khouri eut un sourire bien ignoble.

— Non. Il n'a pas d'économies. Il m'a emprunté cent
mille rials pour payer ses bijoutiers. Je dois les lui
remettre tout à l'heure, vers midi. Il a promis de me
rembourser cette somme avec les intérêts après-demain
matin, avant la seconde prière, Inch Allah…

Quand même superstitieux.

— Il en a les moyens ?

Le Libanais secoua la tête.

— Non. Sauf si un ami lui prêtait la somme.

— Que fait-on dans ces cas-là, si on est incapable de
régler sa dette ?

— Cela dépend. On peut offrir de payer les intérêts
et de reporter le prêt pour quelques jours, avec de
nouveaux intérêts. Mais le créancier est en droit d'exi-
ger le total.

— Et si Sharjaq refuse ?

Nabil El Khouri eut l'air choqué.

— Impossible. Je ne suis qu'un intermédiaire. Je lui dirai qui est son véritable créancier. Si c'était un « vrai » prêt, il se ferait couper la gorge avant le coucher du soleil...

— Bien, dit Malko. Il va sûrement demander un délai. Expliquez-lui que c'est à Zaghlool Mokha qu'il doit le réclamer et envoyez-le chez lui. Nous nous occuperons du reste.

— Parfait, fit le Libanais, visiblement soulagé. Et si d'ici-là, il me demande encore de l'argent ?

— Prêtez-le-lui.

Plus le capitaine Sharjaq serait ferré, plus le deal serait facile...

Malko se tourna vers Mandy. Il venait de trouver son angle d'attaque. Au départ, il avait pensé faire extorquer des confidences sur l'oreiller par Mandy ; il avait là un moyen beaucoup plus direct et rapide.

— Fais-lui dépenser tout ce que tu peux, dit-il. Imagine que tu es avec un milliardaire.

Mandy Brown gloussa.

— Tu sais qu'il ne faut pas me forcer... Même si leurs trucs ne sont pas terribles.. Je vais le mettre sur la paille...

— C'est justement ce qu'il faut.

Elle haussa les épaules.

— Ça va. J'ai compris, je ne suis pas débile.

Nabil El Khouri venait de s'éclipser discrètement. Mandy demanda à voix basse :

— Tu connais le type dont il a parlé, Zag je sais pas quoi ?

— Oui, dit Malko. Pourquoi ?

— Ton copain, Nabil, m'a dit qu'il avait envie de faire ma connaissance. Qu'il avait plus d'argent qu'il ne pouvait en dépenser et que si je voulais être gentille avec lui, il me couvrirait de cadeaux. C'est vrai ?

— Probablement, dit Malko. Mais pour l'instant, tu t'occupes de Sharjaq.

Nabil Khouri ne perdait pas le nord... Comme Mokha n'avait jamais vu Mandy Brown, c'est lui qui lui en avait parlé, entrevoyant une affaire juteuse, si le vieux milliardaire tombait amoureux.

— Je peux quand même aller déjeuner chez l'autre, insista Mandy Brown. D'ailleurs, quand j'ai dit, au téléphone, à Yehia que je le voyais, j'ai cru qu'il allait me bouffer. Il m'a même dit que je ferais mieux de retourner avec lui dans Nasser Road plutôt que d'aller voir ce vieux débris.

— Très bien, dit Malko. Profites-en pour le rendre encore plus fou d'amour. Ruine-le ! C'est pour la bonne cause.

Mandy Brown se trémoussa, plus salope que jamais.

— Ce que tu me fais faire ! soupira-t-elle. Je préférerai être avec toi sur une plage...

En fait de plage, Malko devait maintenant s'occuper des armes.

*
**

Il était plus de onze heures trente du matin lorsque Malko arriva chez Zaghlool Mokha. Oswald Byrnes avait passé l'après-midi de la veille à tirer les sonnettes de toutes les banques de Sanaa pour réunir trois cent cinquante mille dollars en espèces. Impossible d'en obtenir un seul de la Banque Centrale... Le Yémen était au bord de la banqueroute.

Cette fois, Latifa, toujours affublée de sa pseudo-coiffe de religieuse et de son imperméable, daigna accueillir Malko d'un *good morning* réticent. Son accoutrement bizarre n'arrivait pas à cacher les lignes harmonieuses de son corps et découvrait ses chevilles extraordinairement fines. Quant à son visage, il était tout

simplement admirable, surtout à cause des grands yeux
en amande... Zaghlool Mokha étreignit Malko avec sa
fougue habituelle et, dans la foulée, commença à
compter les billets avec l'habileté d'un croupier. Quand
il eut terminé, Latifa emporta le sac.

— C'est parfait, dit-il. Mon ami Hafez a changé ses
plans. Il est reparti hier pour Sadaa, juste après votre
rencontre. Ainsi, il pourra vous retrouver demain
mercredi, entre neuf heures et dix heures du matin, à
Mareeb. Inch Allah... Vous apporterez le reste de
l'argent, bien entendu. En rials que je vous remettrai
avant votre départ contre des dollars.

— Où, à Mareeb ? demanda Malko.

Zaghlool Mokha tira un papier de sa ceinture et le
déplia. C'était un relevé de Mareeb et de ses alentours.
Il posa son index parcheminé sur un point de la carte.

— Voilà, vous arrivez par l'unique route goudronnée
qui vient de Sanaa. A l'entrée de Mareeb, il y a un
check-point militaire. Vous le passez, puis vous longez
l'aéroport et vous continuez tout droit pendant environ
trois kilomètres jusqu'au croisement d'une piste perpen-
diculaire goudronnée...

Son index suivait l'itinéraire.

— Vers la gauche, c'est l'ancienne ville de Mareeb.
Vers la droite, le barrage en construction. Vous prenez
à droite. A un kilomètre, vous verrez sur votre gauche
une large piste en mauvais état qui file vers l'est, et les
montagnes. Vous la prenez jusqu'au pied des montagnes, cinq ou six kilomètres. Elle tourne alors vers la
gauche, elle est très sablonneuse et dangereuse,
empruntée par les camions de la Hunt qui vont ravitailler le camp des pétroliers dans le Rub Al Khali.

« Regardez bien sur votre gauche : à un moment,
vous verrez cinq colonnes de pierre dans le désert : les
restes du temple de Bilkis. Juste en face, part une piste
très mauvaise qui va de nouveau vers l'est. Prenez-la sur

environ deux kilomètres. Le cheikh Al Ragheb vous attendra là, dans le lit d'un wadi à sec.

— Vous êtes certain qu'il sera au rendez-vous ?

— J'ai sa parole.

— Et les armes ?

Zaghlool Mokha eut un geste insouciant.

— Ce n'est plus mon problème. Vous donnez le reste de l'argent, les armes sont à vous. Il faut voir cela avec Mr Byrnes.

Malko prit le papier et le mit dans sa poche.

— A propos, dit le vieux milliardaire, ce soir il faudra m'apporter cent mille rials de plus. Pour garantir le prêt au capitaine Sharjaq...

Lui au moins, ne prenait aucun risque.

— Il n'arrivera pas à rembourser. J'ai donné des consignes à ceux qui pourraient éventuellement le dépanner. Il va se trouver dans une situation difficile. Bientôt il sera vulnérable.

— C'est si simple ? s'étonna Malko.

Le Yéménite haussa les épaules.

— Bien sûr. Dans ce pays, les militaires se sont toujours vendus pour de l'argent ou des armes. Les grands chefs de tribu les premiers. Comment croyez-vous que l'émir El Badr les avait ralliés durant la Révolution ? Grâce à l'argent saoudien. Le capitaine Sharjaq est comme les autres. Il faudra seulement ménager sa susceptibilité.

Il se leva, signifiant la fin de l'entretien.

Tout en trottinant à côté de Malko, il dit :

— Il faudra bien mettre le marché en main à Sharjaq. Lui démontrer que le complot est découvert et que, de toute façon, son avenir est fichu, s'il ne collabore pas avec nous.

Il parlait du complot comme d'une chose parfaitement naturelle. Malko était suffoqué.

— Ce complot ne vous surprend pas ?

Zaghlool Mokha eut son rire grêle habituel.

— Mais il y a *toujours* eu des complots, même du temps des imans. C'est un état permanent. Il faut seulement savoir qui le mène et comment il doit fonctionner. En ce moment, une dizaine d'amis du président ont un complot dans la tête. Seulement un ou deux sont dangereux, parce qu'ils possèdent les moyens nécessaires.

Belle philosophie. Malko était quand même ennuyé de savoir qu'il avait des tueurs à ses trousses. Au moment de le quitter, Zaghlool Mokha lâcha :

— Il paraît que cette femme que vous avez fait venir est d'une grande beauté...

— On le dit, sourit Malko.

— J'ai demandé à Nabib El Khouri de l'amener déjeuner, fit-il d'un ton détaché. Cela me distraira.

Décidément, le succès de Mandy était fulgurant...

Latifa le raccompagna à la porte de fer. Coupant à travers le *no man's land,* il déboucha un peu plus tard sur Haddah Road, en face du Haddah cinéma. Quelques personnes attendaient la première séance. Le regard de Malko fut attiré par deux fesses rondes dans un blue-jean et il donna un coup de klaxon. Andrea, l'infirmière hongroise, se retourna avec une expression surprise. Malko lui ouvrit la portière.

— Je vous avais dit de ne pas me contacter ! dit-elle.

— Je vous assure que c'est le hasard !

— Ne restons pas ici, dit-elle.

Elle monta et il repartit vers le centre. Il allait franchir le feu au carrefour d'Al Zubayri lorsqu'un motard lui fit signe de stopper. Des hurlements de sirène assourdissants se rapprochèrent et un convoi surgit sur sa gauche. Des Range Rover bourrées de soldats armés de RPG 7, puis une quinzaine de Mercedes noires toutes semblables, et enfin quelques Land Rover équipées de mitrailleuses lourdes pour fermer la marche ! La motorcade continua sur Al Zubayri et disparut dans un nuage de poussière.

— Voilà le bien-aimé président Abdallah Saleh, commenta Andrea. Il est prudent...

Malko continua tout droit et s'arrêta finalement sur Ring Road, après le *Sheraton,* dans un endroit désert. Andrea semblait soucieuse.

— Vous avez eu des problèmes à cause de moi? demanda Malko.

— J'ai fait un compte rendu, comme chaque fois que nous sortons avec un étranger, et je n'ai pas parlé de l'incident, dit-elle. Mais on m'a interdit de vous revoir. Il paraît que je perds mon temps avec vous.

— Qui « on » ?

— Roubaia, notre responsable.

— Vous ne travaillez pas aujourd'hui ?

— Si. J'étais à l'hôpital depuis sept heures et je suis crevée. Mais je ne peux pas rentrer chez moi avant dix heures du soir.

— Pourquoi ?

— Roubaia m'emprunte mon appartement quelquefois. Elle me dit que c'est pour recevoir un homme. Avec la tête qu'elle a, ça m'étonnerait... Pourtant, un jour, j'ai trouvé un mégot de cigare cubain dans mon cendrier.

Malko écoutait, soudain en éveil. Roubaia, c'était sûrement le KGB. Qui le KGB avait-il besoin de rencontrer en secret à Sanaa, alors que les Soviétiques étaient partout ? Il repensa à la théorie d'Oswald Byrnes, liant les Soviétiques au « complot » du colonel Bazara.

— Ramenez-moi au cinéma, demanda Andrea. Je vais rater le début. Et ne cherchez plus à me revoir. J'aurais des problèmes.

Il la déposa dans Haddah Road et repartit prévenir

Oswald Byrnes du changement de programme dans la livraison des armes.

*
**

Malko s'aperçut de la filature dont il était l'objet en repartant du *Taj Sheba* où il avait été se reposer après avoir déjeuné avec Oswald Byrnes. Il retournait chez l'Américain afin d'y prendre la seconde partie de l'argent des armes.

Une grosse Toyota Land Cruiser avec six hommes à bord, tous enturbannés. Certain qu'on ne le suivrait pas au-delà de l'entrée du lotissement abritant à la fois les bureaux de la CIA et ceux de la Hunt Oil, il n'essaya pas de la semer.

Oswald Byrnes était en train de compter des billets de cent dollars d'un air excédé. Il les empila dans un sac de toile qu'il poussa sur le bureau.

— Voilà, encore trois cent cinquante mille bons dollars que notre ami Mokha va s'empiffrer. Je comprends qu'il nous aide... Plus les cent mille rials. En rials...

— Qu'est-ce que je fais des armes ?

— Dès que vous les aurez, revenez vers la ville et prenez la direction du vieux Mareeb. Juste à l'entrée du village, devant la colline, il y a la carcasse d'un char soviétique détruit pendant la guerre civile. L'envoyé d'Ali Nasser vous attendra là, à partir de neuf heures et en prendra livraison.

Malko lui fit part de la remarque de Mokha, concernant le retournement possible du capitaine Sharjaq.

— Il a foutrement raison, confirma l'Américain. Tous ces Bédouins sont à vendre. Les tribus passent leur temps à changer de camp, selon ce qu'on leur offre. Quant aux militaires, ce n'est pas leur solde qui leur permet de vivre. Je suis sûr que Sharjaq, s'il est bien

accroché, va se mettre à table et collaborer. Il suffit
de le motiver. Ils n'ont aucune idéologie.

— Je suis filé, annonça Malko.

Oswald Byrnes l'écouta attentivement.

— Je vais me renseigner. Faites un tour en ville
pour voir s'ils sont toujours derrière. Je vous rejoins
chez Mokha.

Malko repartit avec le sac contenant les dollars,
erra un peu, puis, après se retrouva dans Nasser
Street. C'était l'heure de grande affluence. Les
femmes voilées se pressaient dans les bijouteries. Dès
qu'une femme avait un enfant mâle, elle était couverte de bijoux...

Soudain, Malko aperçut Mandy Brown, émergeant
d'une Nissan Patrol, éblouissante dans une combinaison en fausse panthère qui moulait jusqu'à la pointe
de ses seins. Accrochée au bras du grand moustachu
qu'il avait vu partir avec Amabeit...

Le capitaine Yehia Sharjaq sur un petit nuage rose.

Le couple s'engouffra dans une bijouterie et Malko,
à travers la vitrine, aperçut la main innocente de
Mandy désignant quelques pièces de choix. Habitué à
la vénalité des femmes yéménites, Sharjaq trouvait
parfaitement naturel que cette super-femelle lui fasse
cracher sa moelle et mettre sa famille sur la paille.
Des femmes voilées, agglutinées devant la vitrine,
contemplaient cette créature d'un autre monde avec
des envies de lapidation. Elles aussi, elles auraient
extorqué des montagnes de bijoux si le Coran leur
avait permis de s'habiller ainsi.

Malko repartit. En passant devant le Musée de
l'Armée, il repéra de nouveau la Toyota. Sans se
presser, il rejoignit la demeure de Zaghlool.

Latifa leur fit traverser une enfilade de salons foi-
sonnant de gros meubles Boulle pour les introduire
dans une pièce où Zaghlool Mokha trônait derrière un

superbe bureau Mazarin d'époque. Visiblement, Claude Dalle avait encore frappé...

Oswald Byrnes était déjà en grande conversation avec le vieux milliardaire qui semblait avoir l'œil bien allumé... L'Américain alla droit au but :

— Notre ami s'est renseigné. Aucun service de Sécurité ne s'occupe de vous officiellement... Ceux qui vous suivent sont donc des francs-tireurs.

— Ils ne se cachent pourtant pas, remarqua Malko.

— Parce qu'ils sont couverts par un homme important, expliqua Zaghlool Mokha. Comme Mohammed Bazara...

Oswald Byrnes avait pris l'air soucieux.

— C'est très ennuyeux, dit-il. En ville, ils se contenteront de vous intimider. Mais demain matin, vous partez dans le désert et alors...

Mokha eut son rire aigrelet.

— ... Alors, compléta-t-il, ils vont essayer de vous tuer dès que vous serez hors de la ville.

Il semblait ravi de cette hypothèse et Malko se demanda s'il avait un accès de sénilité précoce ou s'il nourrissait une idée particulièrement tordue...

CHAPITRE XIV

Oswald Byrnes regarda à son tour Zaghlool Mokha avec inquiétude.

— Dans ce cas, objecta le chef de station de la CIA il ne faut pas que Malko aille à Mareeb. C'est trop dangereux.

— Si, si, insista Mokha. Les autres vont le suivre, bien entendu. Et ils essayeront de vous coincer dans le col du djebel Tiyal, qui est trés escarpé et où votre Suzuki ne pourra pas aller très vite. C'est un endroit totalement désert, ils auraient les mains libres et c'est assez loin de Sanaa.

Malko qui avait déjà vécu l'aventure du camion-citerne, n'envisageait pas cette nouvelle embuscade la joie au cœur.

— Et alors ? demanda-t-il. Vous aurez caché des hommes à vous dans les rochers. Mais comment saurez-vous exactement où ils vont attaquer ?

— Ce n'est pas tout à fait cela, fit Zaghlool Mokha. Je vais vous expliquer. Venez.

Il se leva et ils le suivirent, traversant d'abord la plantation de qat pour entrer dans le garage. A côté de la Phantom sous sa housse Hermès, de la Ferrari et de la Cadillac, un nouvel engin remplaçait la vieille Rolls : une splendide Toyota Land Cruiser « saloon », rutilante, d'un blanc éblouissant, impressionnante par sa masse. Zaghlool Mokha posa la main sur le capot.

— Vous savez que j'aime bien les voitures, dit-il. On vient de m'apporter celle-ci d'Arabie Saoudite. Une Land Cruiser turbo. C'est la seule de son espèce dans notre pays. Elle monte à 180 et pourrait grimper les colonnes du temple de Bilkis.

— Elle est superbe, dit Malko, mais...

— Je vais vous la prêter, continua Mokha. Cette nuit, je la ferai déposer dans le parking du *Taj Sheba* et je laisserai les clefs dans le tuyau d'échappement. Demain matin, c'est celle-ci que vous prendrez pour aller à Mareeb. Les autres n'auront pas le temps de changer leurs plans. Quelle que soit leur voiture, ils ne pourront jamais rattraper celle-ci. C'est une bombe, fit-il en se pourléchant les babines... Ce sera à vous de ne pas les perdre.

Malko commençait à comprendre le plan tordu du vieux Yéménite.

— Vous voulez que je les amène jusqu'aux hommes de votre ami le cheikh Al Ragheb ?

Le sourire édenté du vieux Mokha s'épanouit.

— Exactement.

— Vous pensez qu'il m'aidera ?

— S'il ne le faisait pas, qui lui paierait ses armes ? remarqua avec une grande justesse le vieux Yéménite.

Le silence retomba. Oswald Byrnes essuya ses lunettes et lissa son petit bedon avant de dire d'une voix mesurée :

— Cela me paraît une bonne idée. Qu'en pensez-vous ?

Évidemment, ce n'était pas lui qui allait se lancer dans le désert avec des tueurs aux trousses et aucun moyen de se faire porter secours... Que se passerait-il si les hommes du cheikh arrivaient en retard ? Malko ne pouvait pas tourner en rond indéfiniment dans le désert.

Et s'il se trompait de route ?... Sans parler de tous les impondérables. Finalement, aux yeux de la CIA, il était « expendable », taillable et corvéable à merci... Zaghlool Mokha insista :

— La voiture est toute neuve, vous ne tomberez pas en panne. C'est mon ami Hafez El Ragheb qui convoiera le chargement lui-même, donc, ne vous inquiétez pas, il sera au rendez-vous, Inch Allah.

Devant le peu d'enthousiasme évident de Malko, il ajouta :

— D'ailleurs, je vais faire mettre une arme dans ma voiture. Elle sera dissimulée sous le siège arrière, avec des munitions. Mais vous n'en aurez pas besoin.

— La voiture sera dans le parking du *Taj Sheba* à partir de dix heures ce soir. Le plein d'essence sera fait.

Il ajouta d'un ton léger :

— Vous pensez bien que si je croyais que vous courez un risque, je ne vous confierai pas une voiture de ce prix. Je l'ai payée plus de quarante mille dollars...

La CIA le dédommagerait bien en cas de pépin...

Oswald Byrnes laissa tomber :

— De toute façon, nous avons absolument besoin de ces armes. Ali Nasser arrive dans quatre jours, samedi, et il doit les convoyer aux confins du Yémen du Sud. Si je lui faisais faux bond, il ne me prendrait plus au sérieux.

— Et Mandy Brown ? demanda Malko.

— Elle est sous ma protection, affirma aussitôt Zaghlool Mokha. J'ai fait sa connaissance tout à l'heure. C'est une jeune femme charmante, comme je les aime. Personne ne touchera un cheveu de sa tête, qu'Allah la protège.

Malko voyait mal comment échapper au piège que ses amis lui tendaient avec, bien entendu, les meilleures intentions du monde... Il regarda sa Seiko Quartz et annonça :

— Je vais me coucher.

Zaghlool Mokha l'accompagna jusqu'à la porte de fer. Une voiture stationnait un peu plus loin, tous feux éteints. Le vieux Yéménite eut un sourire malin et lui souffla :

— Ils sont là ! Ne craignez rien. Vous allez bien vous amuser.

Façon de parler.

Quand Malko démarra, l'autre voiture en fit autant et ne le lâcha que dans le parking du *Taj Sheba*. Il se retrouva dans sa chambre, pensant à Mandy Brown, à deux kilomètres de là. A moins qu'elle ne soit en train de forniquer avec le capitaine Sharjaq... Que la vie était bête. Il mit son réveil à cinq heures et essaya de dormir.

**
*

La Land Cruiser blanche attaqua la pente raide contournant le monument dédié aux ouvriers chinois morts durant la construction de la route chinoise, s'élevant au-dessus de la brume qui flottait sur Sanaa. Malko regarda dans le rétroviseur : une autre Toyota Land Cruiser beige le suivait avec six hommes à bord ! Elle l'avait pris en chasse dès la sortie de l'hôtel.

Il appuya un peu sur l'accélérateur et aussitôt la grosse voiture bondit en avant malgré la montée, avec un ronflement sourd. C'était vraiment une bombe...

Elle l'attendait dans le parking comme prévu. Le mufle d'une Kalachnikov enveloppée dans des chiffons pointait de sous le siège arrière. Il jeta un coup d'œil dans le rétroviseur. Ses suiveurs avaient du mal à ne pas se faire distancer.

S'il ne trouvait pas d'autres pièges sur l'itinéraire, il avait au moins cette sécurité : ils ne pouvaient pas le rattraper. A part quelques camions, la route était déserte. Il passa le premier barrage en dix secondes grâce à une grosse botte de qat, et s'attaqua aux lacets menant sur le plateau dominant Sanaa, semé de villages fortifiés aux maisons carrées. Des chameaux tournaient dans les champs, tirant l'eau, les paysans labouraient encore avec des charrues de l'an Mil.

Plusieurs fois, il testa la puissance du turbo qui répondit immédiatement. Le plein d'essence lui assurait quatre cents kilomètres d'autonomie et Mareeb n'était qu'à cent trente-cinq kilomètres. La marge était bien suffisante. Le parcours fut monotone jusqu'au premier col d'une beauté impressionnante. Un mélange d'Afghanistan et de Montagnes Rocheuses, avec des failles énormes, des falaises à pic, et des rochers noirs, sans une touche de végétation. Derrière, la Land Cruiser beige s'essoufflait. Dans ce lieu sauvage tout pouvait arriver. Malko demeura sur ses gardes, se souvenant du coup du camion. Mais rien ne se passa.

Au détour d'un virage apparut une étendue pauvre et désolée, brûlée par le soleil, plate jusqu'à l'horizon, à part quelques cratères éteints en basalte ressortant comme des furoncles. Des wadis éternellement à sec et presque pas de villages. L'endroit idéal pour un guet-apens...

Sournoisement, l'autre Toyota commença à se rapprocher. Malko la laissa faire un moment puis déchaîna le turbo. La distance entre les deux véhicules grandit de nouveau.

Les autres devaient être fous furieux.

Il aborda les derniers lacets de la descente avec près d'un kilomètre d'avance. Maintenant, la route filait rectiligne jusqu'à l'horizon, coupée seulement de radiers franchissant les innombrables wadis. Un camion le croisa dans un grondement de tonnerre... Un peu plus tard, il lui sembla entendre des claquements secs, comme un pneu qui éclate.

Il se retourna et aperçut un des occupants de la Land

Cruiser, le torse penché à l'extérieur, tirant sur lui à la Kalachnikov !

Instinctivement, il appuya sur l'accélérateur et aussitôt l'écart entre les deux Land Cruiser se creusa... Bientôt celle de ses poursuivants ne fut plus qu'un point. Il ralentit. Pas question de les décourager. Sinon, ils risquaient de stopper pour l'attendre sur le chemin du retour où personne ne le protégerait...

En se contorsionnant, il parvint à tirer la Kalachnikov de sous le siège et la posa à côté de lui. C'était mieux que rien. Il la cacherait pour passer le barrage signalé par Mokha.

Puis il dut soudain écraser le frein. Une camionnette qui roulait devant venait de lui couper la route. Elle transportait sur son plateau un chameau plein de dignité. Dehors, il régnait une température de plomb. Heureusement que son palais roulant était climatisé. Il atteignit le Rub Al Khali, le grand désert saoudien qui remontait jusqu'à l'Irak, inhabité, à part les caravanes de contrebandiers. L'autre Land Cruiser était revenue. Malko doubla un taxi vide, s'appliquant à maintenir la distance... Les poursuivants devaient le croire mort de peur. Pourvu qu'ils ignorent le but de son voyage à Mareeb, sinon, ils risquaient de ne pas tomber dans son piège. Encore trois quarts d'heures de route. Des tourbillons de poussière s'élevaient du désert et quelques vautours tournaient en rond loin dans le ciel au-dessus de la carcasse d'un animal.

Le soldat de garde au check-point de l'entrée de Mareeb avait un casque russe trop grand pour lui et louchait. Il s'approcha de Malko et lança :

— *Waraj* (1).

Malko lui tendit son autorisatoin et une botte de qat. Le soldat lui adressa aussitôt un sourire radieux.

— *Taub* (2).

L'autre Toyota était à trois cents mètres. Elle était bien accrochée.

Malko longea l'aéroport, qui se composait en tout et pour tout d'une manche à air et d'une cabane en bois, et où pourrissait un vieux DC3. De l'autre côté, des batteries de missiles sol-air le protégeaient contre une éventuelle attaque sud-yéménite. C'était le point le plus rapproché du Yémen du Sud.

Malko écarquilla les yeux : la visibilité n'était pas très bonne. La lumière crue noyait les contours du relief dans une même couleur jaunâtre.

Sur sa gauche, assez loin, se dressait une sorte de château de sable en ruine au sommet d'une colline, se détachant à peine de l'ocre du désert. Sur sa droite, l'ébauche d'une ville moderne sortait de terre avec des stations service, quelques boutiques, des maisons et même un hôtel plantés en plein désert. Il doubla une caravane de chameaux. On était à un peu plus de cent kilomètres de Sanaa et c'était déjà un autre monde. Tous les hommes avaient un fusil à l'épaule, des cartouchières et l'énorme jambia obscène au milieu du ventre.

Soudain la Land Cruiser se mit à cahoter : fin de la route goudronnée. Un peu sur sa droite, des nuages de poussière filaient vers le fond de la vallée : des véhicules se déplaçant sur une piste qu'on ne distinguait pas encore. Il la rejoignit quelques minutes plus tard et tourna à droite, selon les instructions de Mokha.

Ses poursuivants avaient toujours trois cents mètres

(1) Sauf-conduit.
(2) Ça va.

de retard. Il eut un petit pincement au cœur. Cette fois,
les dés étaient jetés. Il avait quitté Mareeb et s'enfonçait
maintenant dans le désert, sans aucune aide possible,
sinon celle du cheikh et de ses hommes.

Etant donné le mépris des Yéménites pour l'exacti-
tude...

Cette piste-là était excellente et la Land Cruiser
semblait voler dessus... Il arriva à l'embranchement de
celle filant vers l'est et l'emprunta. Secoué aussitôt
comme un prunier : des trous énormes la parsemaient,
entre des ornières géantes et des bosses râpeuses. Un
gigantesque camion le croisa, haut comme trois fois sa
voiture, cahotant sur les accidents de terrain : un des
monstres du désert revenant de ravitailler le camp de la
Hunt à soixante kilomètres à l'Est. Quelques demeures
en pisé bordaient la piste. Malko doubla un camion. A
perte de vue, il ne voyait que les ondulations rocailleuses
du désert bordé par la ligne ocre des montagnes à
travers lesquelles se faufilaient quelques pistes. Ici
commençait le Rub Al Khali, sans habitants et sans
pistes, à part quelques itinéraires secrets utilisés par les
contrebandiers. Il aperçut dans le rétroviseur le nuage
de poussière jaune signalant ses poursuivants et se sentit
très seul.

Quatre ou cinq kilomètres plus loin, la piste tournait
presque à angle droit, comme Zaghlool Mokha l'avait
indiqué. Malko changea de vitesse et accéléra, imité par
ses poursuivants. On ne voyait plus Mareeb caché par
les moutonnements du désert. Il commença à scruter le
terrain à sa gauche à la recherche des fameuses colonnes
du temple de Bilkis. Rien, à part des huttes en pisé.

Heureusement, avec quatre roues motrices, la Toyota
faisait voler les cailloux sans problèmes. Il parcourut

ainsi plus de cinq kilomètres, sans voir personne, à part un homme à pied, armé, qui faisait du stop. Un nomade allant Dieu sait où. Soudain, au détour d'une dune, il aperçut sur sa gauche cinq doigts ocres qui dépassaient à peine d'un repli de terrain. Il dut se concentrer car ils apparaissaient et disparaissaient au gré de la piste. Mais il n'y avait pas de doute. Il les vit en entier pendant quelques secondes : c'était le temple de Bilkis. Mais où était la piste ?

Il avait beau scruter sur sa droite, il ne voyait qu'un mur de sable, rejeté par les roues des gros camions, et au-delà, le désert caillouteux, accidenté, semé de quelques épineux rabougris. L'ex-royaume de la reine de Saba n'était pas encourageant...

Pas la moindre amorce de piste.

Angoissé, il regarda autour de lui. Ses poursuivants s'étaient rapprochés ! Leur véhicule plus léger les servait, ainsi que l'expérience de leur chauffeur sur ce terrain. Ils devaient en avoir assez de cette poursuite. L'un d'eux était penché par une glace ouverte, brandissant sa Kalach. Heureusement que les cahots l'empêchaient de viser. Malko écrasa de nouveau l'accélérateur et la Land Cruiser reprit sa progression à vingt à l'heure ! Tenaillé par l'angoisse, il scruta de nouveau le désert : il ne pouvait continuer indéfiniment sur cette piste. Aucun embranchement, aucun village en vue. Les moutonnements des dunes se confondaient dans une sorte de brume jaunâtre. Aucun signe de véhicules...

Tout à coup, un monstre surgit en face de lui ! Un camion rouge de quatre mètres de large, qui tenait toute la piste, venant probablement du camp pétrolier. Il arrivait droit sur lui, tanguant sur les ornières de cinquante centimètres de profondeur !

Désespérément, Malko se mit à faire des appels de phares, mais l'autre fonçait toujours, comme s'il ne l'avait pas vu. Malko donna un violent coup de volant à droite, la Land Cruiser escalada dans un hurlement de moteur la dune bordant la piste, puis y demeura en équilibre, deux roues patinant pratiquement dans le vide. Le camion la croisa dans un grondement de tonnerre. La Land Cruiser zigzaguait dans le sable, sans que Malko arrive à en reprendre le contrôle. Il parvint enfin à remettre les quatre roues en ligne, mais le véhicule ralentit brutalement. Le dessous de la caisse raclait contre le sable, l'empêchant d'avancer !

Il eut beau faire hurler ses pignons, il ne gagna guère qu'un mètre. Les autres derrière lui se rapprochaient, sautant sur les crêtes des ornières. Un picotement d'angoisse lui parcourut la colonne vertébrale : il allait se faire massacrer.

CHAPITRE XV

Le pouls à cent cinquante, Malko revint au point mort, enclencha le crabotage sur la plus petite combinaison et passa la marche arrière en braquant à gauche. Puis, tout doucement, il appuya sur l'accélérateur, essayant de ne pas penser.

Ping. Ping. Ping.

Des coups secs sur la tôle. Le tir de ses adversaires était plus précis. La Land Cruiser trembla sous la traction du puissant moteur, le sable jaillit de sous les roues, puis, avec une lenteur exaspérante, les pneus avant commencèrent à mordre dans le sable... Malko accéléra progressivement et, d'un coup, la lourde voiture partit à reculons ! S'arrachant à l'ensablement avec tant de violence que le pare-chocs arrière heurta des cailloux avec un fracas épouvantable et que le moteur cala !

L'autre Land Cruiser n'était plus qu'à cent mètres, se rapprochant lentement en équilibre sur la crête des ornières. Plus légère, elle passait là où Malko s'était ensablé. Le claquement sourd de la Kalach retentit à nouveau et une balle ricocha sur le toit du véhicule de Malko avec un miaulement.

Les mains moites, celui-ci tourna le démarreur, le moteur rugit, il repassa en première et, comme un crabe, la Land Cruiser blanche glissa le long de la dune et regagna le sol inégal du désert. Malko, aussitôt, fit sauter le crabo et accéléra sous la puissance du turbo. Après quelques interminables secondes, il s'envola littéralement sur le sol caillouteux, laissant derrière lui une traînée de poussière. Seul problème, il se trouvait à l'est de la piste. Pas question de retraverser le mur de sable au risque de s'enliser. Ses adversaires avaient la même difficulté que lui à franchir le véritable mur de sable bordant la piste, ce qui lui donnait un répit.

Il cligna des yeux. Quelque part, dans l'espace désolé devant lui, le cheikh Al Ragheb et ses hommes devaient l'attendre. Théoriquement... Il pouvait passer près d'eux sans les voir, car on ne découvrait souvent les accidents de terrain que le nez dessus.

Il parcourut du regard l'immensité jaunâtre. Certes, la Land Cruiser avalait pas mal d'obstacles, mais ce n'était quand même pas un char... Il contourna une faille où il se serait englouti sans appel...

Bien entendu, le temple de Bilkis avait disparu, avalé par les moutonnements du désert et il n'y avait plus de point de repère, à part les montagnes encore très éloignées. Aucune trace de la fameuse piste décrite par Zaghlool Mokha. Malko se résigna à continuer tout droit en prenant le maximum d'avance pour semer ses poursuivants. Hélas, la Land Cruiser blanche se repérait à des kilomètres. Il essuya la sueur qui coulait de son front, secoué d'une façon effroyable, obligé sans cesse de faire des zigzags, pour éviter de gros rochers ou des coupures infranchissables.

Soudain, loin sur la droite, il aperçut un gros nuage de poussière : des véhicules. Il bifurqua aussitôt dans cette direction. Qu'il s'agisse ou non des hommes du cheikh, ils pourraient peut-être l'aider.

Seulement, maintenir un cap en plein désert, ce n'était pas évident. Il escalada une butte sablonneuse afin d'éviter un espace couvert d'énormes blocs de pierre et pila. Devant lui s'ouvrait une ravine aux flancs abrupts ! Infranchissable. Il commença à faire demi-tour et stoppa de nouveau. L'autre Land Cruiser fonçait sur lui. Impossible de se mettre rapidement hors de portée, le terrain était trop accidenté. Il sauta à terre, emportant la Kalachnikov et un sac de toile contenant deux chargeurs. Un chargeur était engagé, il n'eut qu'à l'armer.

En le voyant, immobilisé, l'autre Land Cruiser stoppa à une centaine de mètres. Un par un, cinq hommes en jaillirent, armés de fusils et commencèrent à se déployer, pour l'encercler.

Malko tira une courte rafale dans leur direction et ils s'aplatirent dans les cailloux. Hélas, sa réserve de munitions était très limitée... Les autres allaient le coincer très vite. L'un d'eux se releva et fonça sur lui. Agenouillé, Malko lâcha quelques coups et l'homme boula dans les cailloux puis demeura immobile. Il en restait encore quatre... Dans cet endroit perdu, on pouvait échanger des coups de feu sans que personne ne s'inquiète... Depuis toujours, la zone autour de Mareeb était aux mains de tribus plus ou moins incontrôlées. L'armée ne se mêlait jamais de leurs querelles... Vingt ans plus tôt, il fallait encore huit jours pour se rendre de Sanaa à Mareeb.

Accroupi contre la tôle brûlante de la Land Cruiser, Malko guettait ses adversaires. Il releva un peu la tête et son cœur se mit à battre plus vite.

Les colonnes de poussière qu'il avait aperçues s'étaient rapprochées. On distinguait maintenant huit véhicules très espacés qui fonçaient dans sa direction. Ses adversaires qui les voyaient aussi ne semblaient pas s'en soucier. Une rafale claqua et deux projectiles s'enfoncèrent avec un bruit mat dans l'aile de la belle Land Cruiser blanche. Malko riposta, achevant son chargeur, faisant voler de petits geysers de poussière. Les tueurs, aplatis dans les cailloux, semblaient se confondre avec l'ocre du désert... Il remit un chargeur neuf dans la Kalach, surveillant le bouquet d'épineux derrière lequel se dissimulait le tueur le plus proche...

Un vent violent se leva soudain et une colonne de poussière jaillit du sol, montant à plusieurs mètres. Elle avança, faisant tourbillonner un nuage ocre. A sa grande surprise, Malko vit alors ses adversaires se relever et se déplacer en courant pour ne pas se trouver sur son passage !

Il n'était pas encore revenu de sa stupéfaction qu'il aperçut les huit véhicules se séparer en deux : quatre filèrent vers le wadi auquel il était adossé et les autres accomplirent un arc de cercle pour arriver dans le dos de ses adversaires.

Les Toyota bâchées et lourdement chargées s'enfonçaient jusqu'aux essieux dans le sol meuble. Quatre hommes s'entassaient dans chaque cabine, cahotant avec leurs armes, serrés comme des sardines. L'arrière était entièrement occupé par des caisses de bois et quelques jerricans d'essence accrochés un peu partout... En dépit des glaces ouvertes, la chaleur était effroyable dans les habitacles et les hommes se protégeaient le visage avec une retombée de leurs turbans pour échapper à la poussière jaune qui s'infiltrait partout.

Soudain, un bras émergea du véhicule de tête, faisant des signes cabalistiques compris pourtant du chauffeur.

Ce dernier obliqua docilement, suivi des trois dernières Toyota. Un choc les envoya au plafond : une grosse pierre.

— *Malesch…*, grommela l'homme au volant, sans cesser de mâcher sa boule de qat.

Le chauffeur du véhicule de tête accéléra, au risque de rompre les ressorts. Les autres commencèrent à vérifier leurs armes, pris d'une excitation joyeuse. La Land Cruiser immobilisée à quelques centaines de mètres était une proie parfaite ainsi que les hommes qui l'entouraient… L'un d'eux vérifia que sa jambia coulissait bien dans son étui et implora silencieusement Allah.

Malko se retourna : une douzaine d'hommes franchissaient en courant le ravin derrière lui, Kalach à la main. Les occupants des quatre véhicules qui avaient effectué un détour pour se dissimuler dans le wadi asséché. En tête, il reconnut le cheikh Al Ragheb avec sa fouta bleu pâle et son étui de jambia vert. Le vieux Yéménite arrivait à sa hauteur, à peine essoufflé, tandis que ses hommes se déployaient, commençant à tirer en direction des poursuivants de Malko. Toujours très digne, le cheikh Hafez Al Ragheb s'approcha de Malko et lui embrassa l'épaule gauche.

— *Salam aleykoun !*

— *Aleykoun salam !*

Les coups de feu crépitaient autour d'eux, mais son visage ridé était parfaitement calme. Ils s'accroupirent tous les deux derrière la Land Cruiser blanche.

— Qui sont ces hommes ? Tu t'es perdu ? Cela fait des heures que nous te cherchons, dit le cheikh.

— Je n'ai pas trouvé la dernière piste, dit Malko. Ils me suivent depuis Sanaa.

— Allah les a menés ici pour leur perte, lança Al Ragheb. Tu as l'argent ?

— Oui.

Il lança une suite d'ordres gutturaux. Ses hommes

avançaient par petits bonds, tout en tirant. Les adversaires de Malko se replièrent vers leur Land Cruiser. L'un d'eux tournoya et tomba raide mort, la tête éclatée d'une balle de Kalach. Les autres remontèrent dans la Land Cruiser beige qui commença à s'éloigner.

— Ils vont s'enfuir ! dit Malko.

— Non, fit le cheikh Al Ragheb. Regarde.

Les autres Toyota arrivaient. Elles stoppèrent et une grappe d'hommes en jaillit, se déployant aussitôt, barrant la route à la Land Cruiser. Celle-ci s'arrêta et ses occupants se mirent à tirailler sans en descendre. Les hommes du cheikh Al Ragheb se rapprochaient toujours sans tirer. L'un d'eux, atteint, s'écroula et demeura couché sur le côté, en chien de fusil, le poing crispé sur son ventre, comme s'il voulait empêcher la vie de le fuir. Il ne gémissait même pas. Malko et le cheikh s'élancèrent pour rejoindre les assaillants.

— Pourquoi ne tirent-ils pas ? demanda Malko.

— Il ne faut pas abîmer la voiture, fit le cheikh d'un ton de reproche. Elle est très belle...

D'un bond, un de ses hommes venait d'escalader le pare-chocs arrière de la Land Cruiser immobilisée. Il se mit à ramper sur le toit. Puis, à plat ventre, passant la main par une glace ouverte, vida le chargeur de son pistolet, au jugé, sur les occupants de la voiture...

Les deux survivants sautèrent du véhicule, en même temps... L'un d'eux fut aussitôt entouré et désarmé par un groupe. Malko vit briller la lame d'une jambia et l'homme s'effondra dans le sable, la gorge tranchée, tandis qu'on lui arrachait déjà sa cartouchière.

Le dernier courait en zigzaguant, après avoir lâché son arme, hurlant des mots incompréhensibles.

— Il faut l'épargner ! cria Malko. Je veux savoir qui les a envoyés.

Le cheikh Al Ragheb glapit un ordre.

Trop tard : l'ultime survivant venait de s'embrocher

littéralement sur la jambia d'un des guerriers. Ce dernier, d'un violent mouvement de bas en haut, acheva de l'éventrer, retira son arme, l'essuya sur les vêtements de l'agonisant et commença à le dépouiller... Les guerriers du cheikh Al Ragheb en faisaient autant avec les autres cadavres, s'extasiant sur leurs armes, explorant la Land Cruiser avec des cris de joie...

Le petit cheikh, revenant aux choses sérieuses, prit Malko par l'épaule, et demanda sans émotion :

— Où est l'argent ?

— Dans ma voiture.

Ils y retournèrent et Malko sortit le sac contenant les liasses de billets. Deux hommes se mirent aussitôt à les compter sous l'œil vigilant de leur cheikh, accroupi à même le sol, sa Kalachnikov entre ses genoux maigres. Le vent soufflait très fort, les balayant de rafales de sable... Un des hommes du cheikh vérifia le moteur de la Land Cruiser blanche et le fit tourner. Les autres revenaient, chargés d'armes et de munitions, plaisantant entre eux. Un petit au turban vert s'approcha de Malko avec un sourire radieux et déposa devant lui une Kalachnikov et deux choses rosâtres enveloppées dans un mouchoir.

— Qu'est-ce que c'est ? demanda Malko.

— L'arme et les oreilles de l'homme que tu as tué, expliqua Hafez Al Raghel. Elles t'appartiennent...

Voilà des gens qui savaient vivre. Malko regarda avec dégoût les cartilages encore sanguinolents et tendit le fusil d'assaut au guerrier.

— Il en aura plus besoin que moi...

Etonné, le Yéménite prit l'arme, puis serra Malko contre son cœur après lui avoir baisé le poignet. Ensuite, d'un geste méprisant, il jeta les deux oreilles dans le sable.

— Quand l'armée égyptienne combattait contre nous au Yémen, commenta le cheikh, mes hommes se sont fait des dizaines de colliers de leurs oreilles. Hélas, elles sont tombées en poussière.

Malko regarda autour de lui : les cadavres avaient tous été mutilés et dépouillés de leur jambia et de leurs armes. Le petit cheikh se releva, le comptage des billets achevé et dit avec un grand bon sens :

— Les morts n'ont pas besoin d'arme. Celles que nous avons amenées t'appartiennent désormais. Que veux-tu faire maintenant ?

— Les voir d'abord, réclama Malko.

Le cheikh Al Ragheb ne se formalisa pas. Ils se dirigèrent vers un des véhicules et ses hommes ôtèrent la bâche, découvrant les caisses d'armes empilées. Avec la pointe d'une jambia, on fit sauter un couvercle. Les Kalachnikovs étaient là, toutes neuves, encore dans leur papier huilé d'origine...

— Elles sont belles, hein ! s'extasia Hafez El Ragheb, d'un ton d'amoureux transi.

— Superbes, dit Malko. D'où viennent-elles ?

Le Yéménite eut un geste évasif.

— Le désert est grand et si tu connais les pistes, tu peux aller très loin. Tu es satisfait ?

— Oui.

— Où allons-nous ?

— J'ai rendez-vous près du vieux Mareeb, avec celui qui va en prendre livraison...

— Je viens avec toi, fit le cheikh. Sinon, mes hommes auraient de mauvaises tentations.

— Lesquelles ?

— Te couper la gorge, puis repartir avec les armes l'argent et ta voiture. Tu es seul et incroyant. Ce ne serait pas un grand crime envers Allah... Mais tu es aussi le protégé de mon ami Zaghlool Mokha, qu'Allah veille sur lui.

Tous les véhicules se regroupèrent, et le convoi se mit en branle. La Land Cruiser blanche de Malko en tête, celle de ses assassins fermant la marche. Les cinq cadavres gisaient abandonnés sur les cailloux. Le cheikh ne leur jeta même pas un coup d'œil au passage, guidant Malko sur une piste presque invisible. Ils la suivirent et débouchèrent presque en face des cinq colonnes du temple de Bilkis. Malko comprit alors pourquoi il ne l'avait pas découverte.

Le sable avait élevé une petite dune dissimulant l'embranchement. Tandis qu'ils roulaient, une énorme colonne de poussière se forma sur leur droite et aussitôt Hafez Al Ragheb marmonna quelques mots entre ses dents.

— Tout à l'heure, ceux qui me poursuivaient se sont enfuis devant un tourbillon semblable, raconta Malko. Pourquoi ?

— Ce sont des djinns, les démons, expliqua très sérieusement le Yéménite. Ils venaient déjà chercher leurs âmes. Si tu passes à travers un de ces tourbillons, tu es certain de mourir très vite. Accélère, qu'il ne nous rattrape pas.

Malko obéit et le convoi suivit... au risque de tout casser. Il se trouvait vraiment plongé quelques siècles en arrière. Vingt minutes plus tard, il atteignit la piste allant du vieux Mareeb au barrage en construction. Ils croisèrent une Range-Rover militaire.

— Il n'y a pas de risque que les militaires nous arrêtent ? demanda Malko.

Le cheikh eut un geste de mépris.

— Ils ne s'attaquent pas à nous... Les tribus se soulèveraient aussitôt.

Malko tourna à droite, souhaitant que l'envoyé d'Ali Nasser soit bien là. Il se voyait mal revenir à Sanaa avec quelques tonnes d'armes...

L'ancienne ville de Mareeb ressemblait à un gigantesque château de sable aux trois quarts détruit. La colline se confondait avec les maisons de pierre et de torchis, écroulées, sans forme, aux ouvertures béantes. La puanteur était horrible à cause des ordures jetées un peu partout. A l'entrée de la sente montant vers le cœur du village se trouvait un vieux char T.34 soviétique, vestige des combats entre Egyptiens et tribus, durant la guerre civile. Un homme attendait, accroupi devant.

— C'est lui, je pense, dit Malko.

Il se dirigea vers lui, accompagné d'Hafez Al Ragheb. Les deux Yéménites échangèrent quelques mots dans leur langue et l'envoyé d'Ali Nasser remonta avec eux dans la Land Cruiser blanche.

Le cheikh montra le char à Malko.

— Tu vois, pendant la Révolution, nous n'avions pas d'armes antichars ! Alors mes hommes s'approchaient à pied et mettaient dans le tuyau d'échappement de grosses pierres enveloppées dans leurs turbans. Cela stoppait le moteur. Il n'y avait plus qu'à monter sur le char et à attendre que les Egyptiens sortent... Sinon on y mettait le feu. Nous avons des milliers de chars égyptiens dans nos montagnes, qui servent de jouets à nos enfants...

Ils dévalèrent à toute vitesse la route goudronnée menant au barrage en construction destiné à remplacer celui de la Reine de Saba, croisant de nombreux véhicules.

L'homme d'Ali Nasser les fit tourner à gauche sur une piste excellente. Ils doublaient sans cesse les camions travaillant au barrage et débouchèrent dans une gigantesque carrière. Tout au fond, un gros camion-benne attendait. L'envoyé d'Ali Nasser courut jusqu'à son conducteur. Une douzaine d'hommes descendirent du camion et commencèrent immédiatement le transbordement, sous la garde des hommes du cheikh. En moins d'une heure, toutes les caisses étaient dans le camion... Les gens d'Ali Nasser versèrent alors de la terre dessus, de façon à les rendre invisibles.

Embrassades, sourires, le camion repartit et prit la route des montagnes, cahotant au milieu du wadi Adharra sur une piste invisible. Le petit cheikh étreignit Malko.

— Qu'Allah veille sur toi !

Un des hommes d'Hafez El Ragheb s'avança et fit un petit discours que traduisit le cheikh.

— Il te remercie pour la belle voiture et les armes que tu leur as permis d'acquérir aujourd'hui. Il souhaite que tu sois victorieux dans tes combats. Tu seras toujours le bienvenu sur le territoire de notre tribu...

Malko remercia et les Toyota se mirent en route, filant à travers le désert.

Après cette plongée dans le Moyen-Age, il fallait rejoindre le vingtième siècle et ses problèmes.

Malko retrouva le goudron de la grande route avec un mélange de soulagement et d'anxiété. Ce qui venait de se passer tenait du rêve ou du cauchemar. Certes, on ne pouvait l'accuser de meurtre, mais la disparition des six hommes dépêchés pour le tuer n'allait pas passer inaperçue...

Il franchit le check-point en donnant sa dernière botte de qat à un soldat à la joue déformée par sa chique, et consulta sa Seiko-Quartz.

Devant, la route filait, rectiligne jusqu'au col. Il pensa aux cadavres gisant dans le désert et ne put s'empêcher d'éprouver un sentiment de malaise.

C'est lui qui aurait dû terminer sa vie dans le Rub Al Khali. Que s'était-il passé à Sanaa en son absence ?

CHAPITRE XVI

Affalé dans un des grands fauteuils du hall, Yehia Sharjaq guettait la porte tournante du *Sheraton*, une angoisse abominable lui tordant l'estomac. Il avait bien été obligé de se rendre à son bureau et pendant ce temps, la Rolls Royce de Zaghlool Mokha était venue chercher Mandy Brown pour la seconde fois en deux jours... Dès que le capitaine avait découvert son escapade, il s'était rué sur le téléphone pour traîner Nabil El Khouri dans la boue. Le Libanais s'était confondu en excuses, prétendant que le vieux milliardaire qui s'ennuyait tenait à distraire la jeune femme. Yehia comprenait sûrement qu'on ne pouvait dire « non » à un homme comme Zaghlool Mokha. D'ailleurs, Sharjaq n'avait aucune crainte à se faire. Mokha était un vieillard, avec déjà un pied dans la tombe, impuissant et sénile. Il voulait simplement se remplir les yeux du spectacle de cette beauté exotique.

— Tu vas la voir revenir vers toi encore plus amoureuse, avait-il conclu, prends patience.

Yehia Sharjaq n'avait pu insister. Le matin même, Nabil El Khouri lui avait encore prêté la somme énorme de deux cent cinquante mille rials, afin de couvrir la nouvelle dette contractée la veille auprès des bijoutiers de Nasser Road et de prendre un peu d'avance... Il avait réitéré sa promesse de rembourser les trois cent cinquante mille rials le lendemain matin, avec, bien entendu, les 10 % d'intérêt, normaux pour un tel prêt. Il fallait qu'il trouve un moyen de résoudre ce problème, mais pour l'instant, il avait beau se répéter qu'il ne pouvait être jaloux d'un vieillard, il était torturé de jalousie.

Toutes les histoires que l'on racontait à Sanaa sur la virilité du vieux milliardaire flamboyaient dans sa tête. On prétendait qu'il entretenait un troupeau de chamelles dont il buvait des litres de lait tous les jours, ce qui lui donnait la force d'un homme de vingt ans et le pouvoir de satisfaire ses quatre-vingt épouses légitimes... Même avec la part de l'exagération orientale, c'était inquiétant...

Son premier réflexe de fureur passé, Yehia Sharjaq avait de nouveau filé à Nasser Road pour faire l'emplette d'un sublime collier d'or avec ce qui lui restait du second prêt de Nabil El Khouri. Il espérait conquérir définitivement Mandy Brown par cette dernière largesse...

Il sursauta : quelqu'un franchissait la porte tournante... Hélas, ce n'était qu'un Japonais bardé de caméras.

Il tâta le collier au fond de sa poche, se convainquant lui-même qu'un cadeau aussi somptueux attacherait définitivement Mandy Brown à lui. Il la revoyait lui déclarer combien il lui avait donné de plaisir... Il fut de nouveau hanté de visions abominables. Il avait physiquement besoin de s'enfoncer dans le corps tendre de Mandy Brown. Si dans une heure elle n'était pas revenue, il irait la chercher.

La veille, elle lui avait ri au nez lorsqu'il avait exprimé sa jalousie.

— Mokha est un vieux dégoûtant. Jamais je ne ferai rien avec lui.

Il l'avait crue, mais il souffrait quand même. En dépit de leur machisme, les Yéménites étaient très naïfs avec les femmes...

Il alluma une cigarette pour se calmer. L'irruption de cette créature de rêve dans sa vie l'avait littéralement rendu fou. Il n'en avait soufflé mot à personne, même pas à son supérieur, le colonel Bazara. D'ailleurs, ce dernier avait pour le moment d'autres chats à fouetter. Il n'aurait pas apprécié que son subordonné ne se consacre pas à cent pour cent à leur projet. Seulement voilà, Yehia Sharjaq n'arrivait à se concentrer que sur le corps admirable de la jeune Américaine...

Il contempla de nouveau la porte tournante avec haine.

Mandy Brown se regarda dans la glace et éclata de rire : Zaghlool Mokha lui avait demandé d'endosser un costume yéménite ! Une robe en soie de la meilleure qualité, bleue, à fleurs roses, un marmouk richement brodé, des sandales dorées, des colliers de corail, d'argent et d'ambre. Latifa, la sculpturale secrétaire, l'avait habillée elle-même, dans une chambre occupée presque entièrement par un immense lit Tiffany signé Romeo, avec un couvre-lit de vison blanc. De la musique filtrait d'un meuble Espace en laque noire et miroirs qui cachait une télé, un magnétoscope et une chaîne complète Akaï. Le vieux Yéménite attendait dans la qat-room. Les deux femmes l'y rejoignirent et il poussa des exclamations admiratives.

— *Wonderful ! Wonderful !*

Il avait mis une cassette de musique de danse arabe et ouvert une bouteille de Dom Perignon. La pièce était délicatement parfumée au jasmin. Mandy, qui s'était d'abord sentie mal à l'aise, s'amusait maintenant beaucoup... Elle s'assit sur les coussins entre Latifa et Zaghlool et vida sa coupe de champagne d'un coup... Alors, Zaghlool Mokha farfouilla dans les coussins et en sortit un sompteux collier de boules d'or ciselées et d'un geste solennel, le passa autour du cou de Mandy.

— Pour rehausser votre beauté, dit-il.

Décidément, le Yémen était un beau pays...

Elle l'embrassa sur sa barbe grise et douce. Latifa l'embrassa à son tour et ils finirent la bouteille de champagne. Mokha dit alors quelque chose en arabe à Latifa qui pouffa.

— Qu'est-ce que vous dites? demanda Mandy, émoustillée par le champagne.

— Je veux qu'elle danse...

— Oh oui !

Elle prit Latifa par la main et la força à se mettre debout. La jeune Yéménite commença à onduler très lentement, son beau visage imprégné de langueur, les yeux dans ceux de Mandy. Puis, elle ôta sa blouse de soie en la faisant passer par-dessus la tête.

Elle avait des seins énormes et fermes, disproportionnés par rapport à son corps gracile aux hanches étroites. Les mamelons étaient ornés de petits motifs noirs tracés avec du khol. Peu à peu sa danse, de parodique, devint franchement sensuelle. Elle mimait l'amour et Mandy ressentit une petite chaleur au creux de son ventre. Les yeux mi-clos, Zaghlool Mokha regardait alternativement les deux femmes... Apparemment sans émotion.

Quand la cassette se termina, Latifa se laissa tomber sur les coussins, tout contre Mandy. Son corps était entièrement parfumé et tiède. Elle se coucha d'abord en boule, les genoux de Mandy au creux de son ventre. Celle-ci sentit très vite une houle légère : Latifa se frottait contre elle avec une mimique sans équivoque, lui adressant des sourires égrillards. Le vieux Mokha semblait dormir.

Latifa changea de position, s'étira voluptueusement faisant saillir ses seins somptueux, et, avec un sourire espiègle, remonta un peu pour frotter sa poitrine nue au satin de la robe de Mandy Brown, de plus en plus troublée.

Finalement, la jeune Yéménite s'installa à califourchon sur son genou et commença à se balancer doucement d'avant en arrière, les yeux rivés dans ceux de Mandy. Elle se mit à caresser à travers le satin ses seins avec une extrême douceur, s'attardant sur les mamelons, murmurant :

— *Habiba, habiba...* (1)

Elle haletait un peu, soupirait, effleurait la bouche de Mandy, sans cesser son manège. Zaghlool Mokha avait rouvert les yeux, observant les deux femmes. Il retourna la cassette et se réinstalla sur les coussins.

D'un geste audacieux, Latifa prit la main de Mandy et la fourra carrément entre ses cuisses, les resserrant aussitôt pour qu'elle ne puisse s'échapper. Puis sa propre main fila vers le ventre de Mandy, écartant les replis de la soie. Mandy, qui flottait un peu à cause du champagne, la repoussa très mollement. Latifa semblait avoir une grande habitude de ce genre de jeux, car ses doigts se démenèrent sur Mandy avec une habileté admirable. Mandy se sentit fondre, savourant cette caresse légère qui la changeait des assauts puissants du capitaine Sharjaq. La longue robe retroussée sur ses hanches, elle se laissa aller au plaisir sans regret, se contentant de rendre la pareille à sa partenaire, sans trop se donner de mal. Pourtant, les cuisses de Latifa se refermèrent d'un coup et elle poussa un petit cri de souris, serrant à les briser les doigts de Mandy. Celle-ci

(1) Chérie, chérie.

sentit aussitôt la tête de Latifa forcer entre ses cuisses comme celle d'un animal et une langue aiguë se faufiler, trouvant immédiatement son point le plus sensible... C'était délicieux et elle ferma les yeux pour mieux en profiter. Latifa la fit basculer doucement sur le côté. Les mains remontèrent le long du corps de Mandy, pinçant espièglement ses seins, tandis que son petit mufle restait enfoui entre ses cuisses. Parfois la petite pastille d'or fixée à sa narine chatouillait Mandy. Celle-ci sentit soudain monter de ses reins un plaisir irrésistible. Elle eut un bref soupir. Latifa accéléra sa caresse, lui tenant les fesses à deux mains, menant de sa langue une ronde démoniaque sur son clitoris.

Mandy explosa, criant presque aussi fort qu'avec Malko lorsqu'il l'avait sodomisée.

Elle avait complètement oublié Zaghlool Mokha.

Un corps se colla soudain au sien par derrière. Un sexe sec et brûlant glissa le long de ses reins. Elle se raidit instinctivement, mais, diabolique, Latifa avait crispé ses doigts fins dans sa chair, écartant les deux globes.

Mandy sursauta.

D'un seul coup, le vieux Yéménite venait de s'enfoncer en elle. Latifa lui caressait fébrilement lès seins, comme pour se faire pardonner. Zaghlool Mokha la saisit aux hanches et se mit à lui faire l'amour rapidement, avec des soupirs bruyants, la respiration sifflante. Cela dura très peu de temps. Il se crispa, envoya un peu de semence au fond du ventre offert, demeura abuté quelques secondes et se retira sans un mot.

Mandy Brown ne bougea pas, encore sous le coup de son orgasme précédent. Une pensée lui traversa l'esprit : jamais elle n'avait eu un amant aussi vieux...

Lorsqu'elle se retourna, Zaghlool Mokha avait disparu.

*
**

Le capitaine Sharjaq faillit pousser un cri de joie en voyant surgir enfin la somptueuse Rolls Royce verte de Zaghlool Mokha. Mandy Brown franchit la porte tournante de sa démarche ondulante et se dirigea vers la réception. Yehia Sharjaq se dressa sur son chemin, le regard flamboyant de jalousie, et la prit par le bras.

— Qu'as-tu fait tout ce temps ?

Mandy Brown retrouva en une fraction de seconde tous ses réflexes. Elle se dégagea brusquement et lui jeta d'une voix aigre :

— Hé, toto, ça va pas, non ?

Elle continua jusqu'à la réception, prit sa clef et se dirigea vers l'ascenseur où Sharjaq la rejoignit. Une partie de sa colère retombée comme un soufflé.

— Pardonne-moi, fit-il, tu me rends fou ! Cela fait des heures que je t'attends ici. Qu'est-ce que tu...

Mandy se souvint à temps qu'elle était en mission. Son regard s'adoucit et c'est d'une voix caressante qu'elle dit :

— En effet tu es fou, *habibi* ! Je me suis amusée à essayer des costumes avec Latifa, la secrétaire de Mokha. Lui s'était endormi. Jamais je ne me laisserai toucher par un vieillard alors que j'ai un homme comme toi...

L'ascenseur arriva et ils montèrent dedans. Aussitôt, Mandy se serra amoureusement contre le Yéménite. Yehia Sharjaq sentit ses plombs sauter. Il commença à la pétrir dans tous les sens.

Mandy Brown accepta sans rechigner. La séance avec Latifa l'avait mise en appétit, tout en la laissant sur sa faim.

A peine dans la chambre, il la jeta sur son lit. Tant pis pour le qu'en-dira-t-on. Il n'avait pas la patience de l'emmener dans l'antre de Nabil El Khouri.

Mandy l'eut au fond de son ventre quatre secondes plus tard. Fou de désir et d'amour. Il en bégayait. Il explosa presque immédiatement, mais continua mécaniquement à lui faire l'amour, jusqu'à retrouver toute sa vigueur. Il n'avait même pas pris le temps de mettre son bandeau et la sueur coulait abondamment sur son visage. Il s'interrompit soudain et retourna Mandy sur le ventre.

— Qu'est-ce que tu fais ! protesta-t-elle. Je ne veux pas.

Cette fois, Sharjaq n'était pas décidé à s'en laisser conter. Il tâtonna à peine avant de trouver ce qu'il cherchait et appuya de tout son poids. Mandy Brown éprouva d'abord une sensation d'éclatement, une douleur cuisante qui la fit hurler, puis, lorsqu'il força ses reins progressivement, quelque chose qui ressemblait à du plaisir.

Le Yéménite en tremblait d'excitation... Il demeura immobile, enfoncé dans ses reins, n'osant pas bouger, réalisant son rêve le plus fou. Dès la seconde où il l'avait aperçue, il avait eu envie de cela... Hypocrite, Mandy Brown gémit :

— Arrête ! Tu me fais mal ! Je ne l'ai jamais fait avec personne.

Il chuchota à son oreille.

— Dans mon pays, ce sont les petites filles de douze ans que l'on traite ainsi... D'ailleurs, tu me sembles bien ouverte pour une vierge.

— C'est parce que j'en avais très envie, murmura Mandy Brown, commençant à en profiter pour de bon.

Quand Yehia Sharjaq se mit à la prendre de plus en plus fort, elle hurla sans avoir besoin de tricher. C'était une sensation extraordinaire que cet homme qui lui criait des mots d'amour dans une langue inconnue tout en la labourant jusqu'à ce qu'il explose au

fond de ses reins dans un cri sauvage. Quand même
autre chose que le viol timide du vieux Mokha...

Elle en vint à éprouver presque de la tendresse pour
le capitaine et ses cadeaux fous dont elle n'avait que
faire. Sachant que son rêve ne durerait pas. La machine
infernale faisait déjà tic-tac. Comment ne s'était-il pas
rendu compte de la manipulation ?

On disait bien que l'amour rendait aveugle.

Un peu apaisé, il murmura :

— Dans quelques jours, je t'emmènerai dans ma
famille, au nord. Tu verras, c'est un magnifique pays.

— J'ai hâte de le connaître, dit Mandy Brown
crispant les muscles de sa croupe afin de sentir encore
mieux l'épieu qui la traversait...

Un peu plus tard, il lui donna le collier qui rejoignit
celui de Zaghlool Mokha au fond du sac de Mandy.
Celle-ci se dit que la vie était étrange : ils étaient
identiques. Elle rêva fugitivement d'emmener Sharjaq à
Londres. Un étalon comme ça, ça ne courait pas les rues
dans les pays industriels. Elle allait épater ses copines.

*
**

Oswald Byrnes se trouvait encore à son bureau. Il ne
dissimula pas son soulagement en voyant Malko entrer.

— *Holy Cow!* je ne vivais plus. Tout s'est bien
passé ? Vous avez récupéré le matériel ?

— Oui, dit Malko. Tout s'est relativement bien
passé. A part un petit massacre.

L'Américain écouta son récit en sirotant son sempi-
ternel J & B. Pensif.

— Il n'y a que Bazara pour avoir lancé une opération
pareille, remarqua-t-il. Mais je ne comprends pas pourquoi il s'obstine à vouloir vous éliminer. Les deux
Ethiopiennes sont mortes, il ne risque rien de ce côté. Il
faut donc admettre que cette Amabeit vous a révélé

quelque chose d'important sans que vous en ayez conscience...

Il regarda Malko comme s'il était porteur d'une maladie honteuse.

— Je ne vois vraiment pas quoi, fit celui-ci. J'espère que toute cette histoire va se dénouer, car j'en ai assez de faire la chèvre. Bazara, si c'est lui, risque de ne pas apprécier ce qui est arrivé à ses hommes.

— Je crois que tout se déroule bien, dit Oswald Byrnes. Votre amie fait des merveilles. Sharjaq a déjà emprunté trois cent cinquante mille rials à El Khouri. Il doit le rembourser demain matin. Comme il en sera incapable, on va pouvoir commencer les choses sérieuses.

— Vous avez des nouvelles de Mandy Brown ?

L'Américain eut un léger sourire.

— Elle doit être avec Sharjaq, il ne la quitte plus. Tant que nous ne nous sommes pas révélés, elle n'est pas en danger. Allez vous reposer.

— Ce n'est pas une mauvaise idée, dit Malko.

Il se sentait complètement out après sa longue journée et son voyage mouvementé, revoyant encore les cadavres égorgés dans le désert.

A peine dans sa chambre, il mit la chaîne, cala une chaise devant la porte et posa le Tokarev offert par Hassan sur la table de nuit. Il avait besoin de relâcher un peu la pression. La journée du lendemain risquait d'être difficile également. Le moment où l'on sort le poisson hors de l'eau est toujours le plus délicat...

Malko venait de boire un café très noir et horriblement amer après avoir pris sa douche, lorsque la sonnerie du téléphone grelotta.

— Mr Linge ? C'est El Khouri.

Un flot d'adrénaline se rua aussitôt dans les artères de Malko. Ce n'était pas bon signe que le Libanais l'appelle à l'hôtel.

— Que se passe-t-il?

— Le capitaine Sharjaq vient de me téléphoner. Pour me donner rendez-vous comme prévu pour le remboursement de sa dette.

— Oui, et alors?

— Il veut que je le rejoigne dans la maison d'un de ses cousins, le cheikh Moukhtar Al Kair, en face de l'ambassade de France.

— Allez-y.

— Bien sûr, fit le Libanais, mais il m'a dit qu'il avait trouvé l'argent, que son cousin, qui est chef de tribu, le lui avançait sur des terres qu'il possède là-bas.

Malko eut l'impression de recevoir le ciel sur la tête. Tout son plan s'effondrait. Si le capitaine Sharjaq était capable de rembourser sa dette, la « manip » tombait à l'eau. Mandy Brown se serait « sacrifiée » pour rien et ils continueraient à ignorer ce que le colonel Bazara préparait.

C'était la méga-tuile. La journée commençait mal.

CHAPITRE XVII

— Qu'est-ce que je fais ? insista Nabil El Khouri devant le silence de Malko.

— Vous ne pouvez pas refuser son argent, fit ce dernier. Espérons qu'il bluffe.

— Bien, fit le Libanais, je vais au rendez-vous. Je serai ensuite au restaurant. Passez me voir.

Malko se mit à tourner en rond dans sa chambre, ruminant de sombres pensées. L'analyse de Zaghlool Mokha se révélait fausse. Il était ivre de rage. Tous ces efforts pour arriver à rien ! Pour calmer sa fureur, il décida d'aller voir immédiatement le vieux milliardaire. Ne serait-ce que pour lui rendre sa belle Land Cruiser trouée comme une écumoire. Au moins, ce plan-là avait marché...

Il dut sonner plusieurs fois avant que Latifa, toujours engoncée dans son imperméable, vienne lui ouvrir. Cette fois, elle l'introduisit dans un salon sinistre avec ses sièges rangés le long du mur et d'horribles tables basses en cuivre repoussé. Zaghlool Mokha fit son apparition quelques instants plus tard.

— Que se passe-t-il ? Il y a eu des problèmes à Mareeb ? demanda-t-il.

Malko le rassura sur ce point et le mit au courant du dernier rebondissement.

Le vieux Yéménite demeura longtemps silencieux, visiblement troublé. Puis il releva la tête.

— Je n'y crois pas, dit-il. Je connais le cheikh Moukhtar. Jamais il ne prêterait à son cousin une somme pareille. Sharjaq a menti à Nabil El Khouri. Ce n'est pas normal. Il va peut-être le faire enlever par des gens de sa tribu, pour ne pas le payer.

— J'y vais, dit Malko.

Le capitaine Sharjaq arborait un sourire éblouissant et se tenait très droit, la chemise ouverte sur son torse couvert de poils noirs, près de la porte de la maison de son cousin. Nabil El Khouri prit la main tendue avec une petite inclinaison servile de tout le corps.

— Entre, proposa Sharjaq aimablement, mon cousin nous attend, il veut te remettre l'argent en mains propres. Il a peur que je le dilapide.

Le Libanais rit poliment, embarrassé.

— Je suis heureux d'avoir pu te rendre service.

— Surtout que je ne suis pas un homme riche, souligna Sharjaq, tu t'es montré un ami fidèle et courageux.

Nabil El Khouri eut un sourire mielleux.

— Je ne me suis jamais inquiété. Je sais que tu es un homme d'honneur...

— C'est Allah qui t'a envoyé à mon secours, renchérit le capitaine. Ce sont des services que l'on n'oublie pas...

— Que son nom soit béni, fit machinalement El Khouri.

— Allons-y, proposa l'officier.

Malko arrêta la Land Cruiser blanche à l'entrée d'une ruelle étroite au sol défoncé disparaissant par endroit sous un véritable marécage. Il aperçut un drapeau français flotter au-dessus d'un des bâtiments de la ruelle. L'ambassade de France.

Il engagea la Land Cruiser dans la boue, zigzaguant entre les trous pleins d'eau. Un soldat yéménite veillait à la porte de l'ambassade. Juste un peu avant, la Nissan du capitaine Sharjaq était garée le long d'un mur. Il s'arrêta un peu plus loin et revint sur ses pas, examinant les lieux. En face de l'ambassade, il y avait bien une grosse maison ancienne, mais elle paraissait abandonnée. Même le mur d'enceinte était écroulé. Malko jeta un coup d'œil par un des éboulis. La façade du « palais » était recouverte d'échafaudages déserts, tout semblait à l'abandon et aucun véhicule ne stationnait devant le bâtiment. Il s'approcha de la sentinelle.

— Le Cheikh Moukhtar Al Kair ?

Un diplomate qui sortait de l'ambassade répondit à sa place.

— C'est en face, dit-il montrant la propriété en ruines. Mais il n'y a personne. Le cheikh est dans le nord.

Malko regarda la petite porte de bois. Sur ce point au moins Yehia Sharjaq avait menti au Libanais.

Il traversa et poussa la porte, découvrant un jardin mal entretenu parsemé d'arbres fruitiers. Il inspecta du regard la maison et sa véranda encombrée de débris divers.

Aucune trace de Sharjaq ni d'El Khouri.

Il longea le bâtiment et finit par trouver une porte entrouverte, si basse qu'il dut se plier en deux pour la franchir.

A l'intérieur, il faisait glacial... et sombre. Il traversa deux salons vides, à part quelques tapis en loques et les éternelles banquettes le long des murs. Un vieux narguileh verdissait dans un coin. Malko s'arrêta. Les murs épais arrêtaient la rumeur de Sanaa et il lui sembla percevoir une sorte de râle, venant d'un petit escalier sur sa gauche. Il sortit le Tokarev et repoussa le cran de sûreté avant de s'y engager. Cela ressemblait à tout sauf à un rendez-vous d'affaires.

*
**

Nabil El Khouri, accroché des deux mains au lacet de soie qui mordait sa gorge, essayait de faire entrer un peu d'air dans ses poumons. Le capitaine Sharjaq l'avait pris par surprise, le poussant devant lui dans la pièce et nouant aussitôt le lacet autour de son cou... Le Libanais n'avait découvert le piège qu'au dernier moment. Un palais en pleine ville lui semblait un endroit sûr...

Prenant appui sur ses talons, il essaya de reculer, mais Sharjaq en fit autant. Les veines du cou saillantes, l'officier n'avait pas dit un mot, canalisant toute sa force dans son meurtre. Il n'éprouvait pas plus d'émotion que s'il égorgeait un mouton. A ses yeux, le Libanais était un être particulièrement répugnant et le quart d'une prière le lendemain vendredi à la mosquée l'absoudrait aux yeux d'Allah qui avait d'ailleurs, dans le Coran, interdit l'usure... Au fond, il faisait œuvre pie.

Le Libanais arriva à écarter le lacet et poussa un cri aigu. L'officier lui envoya un coup de genou dans les reins et serra de plus belle.

— Tais-toi, chien !

L'autre faiblissait. Lorsqu'il serait mort, Sharjaq donnerait cinquante rials au jardinier pour enterrer le corps dans une cave. C'était un homme de sa tribu, un vague cousin, qui n'ouvrirait jamais la bouche.

Il pourrait ensuite filer le parfait amour avec sa belle

nasrani (1). Cette pensée le galvanisa et il serra d'un coup sec...

Lorsque le canon du pistolet s'appuya sur sa nuque, il eut l'impression qu'une aiguille de feu lui traversait la tête. Il s'immobilisa, tétanisé. Il n'avait pas entendu l'intrus, absorbé dans son étranglement.

— Laissez-le ! fit une voix inconnue, en anglais.

La pression de l'arme se fit plus insistante. Sharjaq, prudent, lâcha les deux bouts du lacet et Nabil El Khouri tituba pour se mettre hors de portée, arrachant le lacet de sa gorge, les yeux encore hors de la tête, soufflant comme un bœuf. Sharjaq se retourna avec des gestes mesurés pour se trouver en face d'un inconnu blond. En une fraction de seconde il eut identifié Malko. La dernière personne qu'il se soit attendu à trouver là. Une coulée glaciale le liquéfia. Malgré tout, il essaya de bluffer. Et le visage tordu de rage, il lança en anglais :

— Qui êtes-vous ? Que venez-vous faire ici ? Lâchez cette arme.

Il tendit la main pour prendre le pistolet et Malko recula d'un pas, braquant le long canon du Tokarev sur le ventre de l'officier.

— Restez tranquille ou je vous mets une balle dans le ventre.

Nabil El Khouri se rapprocha, se massant le cou, regardant Sharjaq avec haine.

Celui-ci était partagé entre la fureur et la stupéfaction. Quel était le lien entre Nabil El Khouri et cet étranger qu'ils avaient déjà voulu éliminer ? Il tenta de nouveau de bluffer.

— Suivez-moi, dit-il à Malko, nous allons au Moukhabarat. Je suis officier de sécurité.

— Cela ne vous donne pas le droit de commettre un

(1) Infidèle.

meurtre, remarqua Malko. Au lieu de payer votre dette à Mr El Khouri, vous avez essayé de le tuer. Alors, c'est vous qui allez me suivre. Nabil, dites donc au capitaine Sharjaq ce qu'il en est et qu'il vaut mieux qu'il vienne s'expliquer chez Mr Mokha.

D'une voix hachée, le Libanais commença en arabe un récit où revenait plusieurs fois le nom de Zaghlool Mokha. Le capitaine Sharjaq blêmissait à vue d'œil. Etrangler un Libanais, c'était un péché véniel, mais s'attaquer à un des hommes les plus riches du Yémen, c'était une autre paire de manches... il savait qu'El Khouri avait un commanditaire, mais pas celui-là...

Le canon du Tokarev bougea un peu.

— Allons-y.

— Pourquoi intervenez-vous ? demanda-t-il. C'est une affaire entre Yéménites.

— Mr Mokha vous le dira, répondit Malko.

El Khouri approuva vigoureusement. Il n'avait plus qu'une hâte : laisser la situation évoluer sans lui. Sharjaq lui jeta un regard étincelant de haine et marmonna entre ses dents :

— Je t'arracherai le cœur avec mes mains.

Sa sincérité faisait plaisir à voir...

Ils ressortirent tous les trois, Malko fermant la marche. Malko laissant sur place sa voiture monta à côté de l'officier dans la Nissan, son pistolet sur les genoux. A l'arrière, Nabil El Khouri frottait sa gorge endolorie, se disant qu'il avait intérêt à faire un tour à l'étranger.

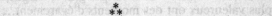

Avec une exquise urbanité, Zaghlool Mokha sanglé dans une fouta mauve, la jambia serrée dans une large ceinture ornée d'émeraudes sûrement authentiques, tendit un plateau de gâteaux au miel au capitaine Sharjaq et l'apostropha.

— *Enta el g'atel* (1) *!*

Pas vraiment courroucé. Personne ne prenait vraiment au sérieux le meurtre d'un Libanais, au Yémen. C'était plus une entrée en matière qu'une accusation formelle.

Avec un sourire constipé, l'officier prit un gâteau qu'il grignota du bout des lèvres. Ils s'étaient installés tous les quatre dans la salle de qat autour d'un plateau de cuivre chargé de tasses et de gâteaux. Les vitraux diffusaient une lumière douce et on se serait cru à une paisible discussion d'affaires...

— Ainsi, continua Zaghlool Mokha, Nabil El Khouri et toi avez un petit différend à propos d'une question d'argent... Et vous avez eu la bonne idée de venir demander mon arbitrage. C'est parfait, j'espère qu'Allah m'éclairera assez pour rendre la justice.

— Que cet étranger s'en aille, il n'a rien à faire ici, jeta Sharjaq, en arabe.

— Mon hôte est sacré, répliqua aussitôt d'une voix ferme le vieux Yéménite. De plus, il est disposé à t'aider à sortir de la situation délicate où tu t'es mis par une imprudence due sûrement à ta jeunesse.

Yehia Sharjaq n'insista pas. Zaghlool Mokha semblait beaucoup s'amuser. Il continua.

— Donc, tu dois trois cent cinquante mille rials à notre ami qui me les avait empruntés et tu ne peux pas les lui rendre ni même payer les intérêts. Dans un mouvement d'humeur, tu as cru liquider ta dette en tuant cet homme... Ce n'est pas grave, les guerriers les plus valeureux ont des moments d'égarement...

Nabil El Khouri n'avait pas l'air de cet avis.

Sharjaq bredouilla quelques mots en arabe et Zaghlool Mokha eut un sourire rusé.

— Non ! Non ! Un prêt doit être remboursé à l'heure

(1) C'est toi l'assassin !

dite. Surtout lorsqu'il est d'une telle importance. Sinon, tu connais la règle : Je suis en droit de réclamer ta vie pour ta dette...

Le capitaine Sharjaq le savait. Le vieux Yéménite se frotta les mains.

— Donc, ou tu rembourses, ou ton créancier doit t'accorder un délai. Peux-tu rembourser ?

Sharjaq baissa la tête.

— *La.*

Zaghlool Mokha eut un hochement de tête sentencieux.

— Je m'en doutais.

Silence. Il prit tout son temps pour mâchouiller un bout de gâteau au miel, les yeux fermés. On aurait coupé l'atmosphère au couteau. Nabil El Khouri, tassé sur lui-même, tâchait de faire oublier sa turpitude. De temps à autre, Sharjaq lui jetait un regard noir... Après une gorgée de thé, Zaghlool Mokha se pencha vers l'officier et dit d'un ton plein de bonté :

— J'ai été jeune moi aussi et je me sens plein d'indulgence à ton égard... Je pense que si je me porte garant de toi, Nabil El Khouri prolongera son délai de remboursement.

Le Libanais approuva avec vigueur. Le visage de Sharjaq s'éclaira. Il ne comprenait pas encore bien le mécanisme du piège mais il entrevoyait une issue. Le premier choc passé, il s'était remis à penser à Mandy Brown et cela lui vidait le cerveau...

— Bien, fit Mokha, il ne reste plus qu'à régler quelques détails. Si je te rends ce service, il est normal que tu m'en rendes un aussi ?

— *Aiwa ! Aiwa !* fit Sharjaq d'un ton empressé.

— Or, continua Zaghlool Mokha, il se trouve que j'ai une dette importante envers mon hôte étranger. Afin de la régler, c'est donc à lui que tu vas payer ta dette et nous serons quittes.

Clac, le piège s'était refermé. Sharjaq regarda Malko sans encore comprendre complètement.

— *What do you want?* demanda-t-il en anglais.

La minute que Malko attendait depuis des jours.

— Je veux savoir pourquoi Assageth a été assassinée et par qui, pourquoi le colonel Bazara veut me faire tuer, enfin ce qui se prépare contre le président Abdallah Saleh.

Sur ce dernier point, il avait bluffé, mais il ne pensait pas tomber loin.

Yehia Sharjaq en resta muet de stupeur. Puis tout se mit en place en une fraction de seconde. Il se dressa d'un coup, l'air outragé.

— Tu me demandes de trahir, rugit-il. C'est indigne de toi, O Zaghlool !

Le vieux Yéménite ne se troubla pas.

— Je te demande seulement de trahir ceux qui trahissent le gouvernement et risquent de plonger notre pays à nouveau dans le chaos... Tu es encore jeune et tu ne sais pas le mal que cause une guerre civile...

— Mais il n'est pas yéménite, lui ! rugit Sharjaq en désignant Malko.

— C'est un ami de notre pays.

— Je refuse ! explosa Sharjaq. Je vais tous vous faire arrêter.

— Ne te mets pas en colère..., conseilla Zaghlool Mokha d'une voix douce.

D'un geste mesuré, il appuya sur une sonnette. Trente secondes plus tard, la porte de la salle de qat s'ouvrit, révélant trois gaillards enturbannés et barbus, sabre à la main, nu-pieds, sortant directement de la lampe d'Aladin. Ils pénétrèrent dans la pièce et s'alignèrent devant l'ouverture. Yehia Sharjaq était devenu vert. De la même voix calme, Zaghlool Mokha lui dit :

— Il faut régler cette affaire avant la prière de midi. Je ne voudrais pas la manquer. Tu sais que je suis un homme très pieux et qu'Allah m'a toujours aidé dans mes affaires, que son nom soit béni...

Un silence de plomb tomba sur la pièce. Sharjaq s'était tassé sur lui-même. Il lança quelques mots d'une voix plaintive en arabe. Zaghlool Mokha lui répondit. Les deux hommes se rapprochèrent et commencèrent une discussion animée en arabe ponctuée de grands gestes et de mimiques indignées. Malko sentait que peu à peu, Mokha faisait glisser l'officier félon dans ses filets... Cela dura plus d'un quart d'heure. Les sentinelles, immobiles comme de la pierre, ne pipaient pas.

Latifa entra, débarrassa le plateau, apporta de nouveaux gâteaux au miel auxquels personne ne toucha.

Après avoir paru céder, le capitaine Sharjaq s'était visiblement refermé. Malko décida d'intervenir.

— Capitaine, dit-il, n'essayez pas de gagner du temps. Même si Zaghlool Mokha vous fait grâce de votre dette, nous en savons assez pour alerter le président de ce pays. Vos projets n'ont plus aucune chance d'aboutir... Par contre si vous collaborez...

Sharjaq ferma les yeux un court instant. Il se faisait l'effet d'un rat dans une cage. Il imagina une fraction de seconde ce qui arriverait si le colonel Baraza apprenait ce qui s'était passé ici... Il n'avait plus qu'une idée : sortir de ce cercle infernal, se retrouver seul et réfléchir. Donc, il fallait gagner du temps. Il reprit la discussion en arabe, avec moins de conviction. Quelques instants plus tard, Zaghlool Mokha se tourna vers Malko.

— Notre ami accepte de répondre à vos questions, annonça-t-il.

CHAPITRE XVIII

Malko sonda les prunelles sombres du capitaine Sharjaq. Le Yéménite semblait brisé. Ses traits s'étaient affaissés et il tamponnait sans cesse son front avec un mouchoir. Il faisait pourtant frais dans la salle de qat.

— Pourquoi Assageth a-t-elle été tuée?

L'officier avala sa salive.

— Elle avait trahi.

— Comment?

— En étant la maîtresse d'un agent des Américains.

— Ce n'était pas nouveau, remarqua Malko. Il y a une autre raison. Ne mentez pas.

Sharjaq passa sa langue sur ses lèvres et dit de mauvaise grâce :

— Le colonel Bazara avait été imprudent avec elle. Il avait mentionné ses projets. Il craignait qu'elle ne le répète à son ami américain.

— Et c'est pour cela que vous avez fait tuer les deux?

L'officier yéménite inclina la tête sans répondre.

— Et Amabeit? C'était pourtant votre maîtresse.

— Elle était au courant aussi.

— Et moi?

— Le colonel voulait décourager les Américains de s'occuper de ce problème.

Silence. Malko relança :

— Ce problème, c'est un complot pour tuer le président Abdallah Saleh ?

Aucune réaction. Des gouttelettes de transpiration perlaient sur le front de Sharjaq. Mokha lui dit quelques mots en arabe d'une voix douce, encourageante. Sans regarder Malko, l'officier yéménite laissa tomber :

— Certains officiers pensent que le président Saleh conduit une politique mauvaise pour notre pays...

— Qui sont ces officiers ? demanda Malko.

Silence.

— Vous faites partie de ces officiers ?

— *Aiwa...*

Il fallait l'aider un peu.

— Le colonel Bazara aussi ?

— *Aiwa...*

Le capitaine avait l'air misérable, la tête baissée, le regard fuyant. Zaghlool Mokha l'encouragea avec un bon sourire.

— Tu rends service à ton pays, affirma-t-il. Il faut tout dire à notre ami. Il y a un attentat en préparation ?

Il avait adopté un ton léger comme pour une chose sans importance. Yehia Sharjaq mordit à l'hameçon.

— Oui.

— Quand ? intervint Malko.

— Demain. Le jour où Ali Nasser doit arriver.

— Comment ?

Silence. Ultime blocage. Zaghlool Mokha intervint à nouveau d'une voix pleine de reproches.

— Tu sais bien qu'il faut des détails. Comment pouviez-vous espérer tuer le président ? Tu sais à quel point il est gardé. Je crois que tu es en train de nous raconter des histoires pour te sortir de ta dette...

Piqué au vif, le capitaine yéménite lança fièrement :

— Pas du tout, nous avons trouvé un moyen de nous débarrasser à la fois du président et d'Ali Nasser.

— Comment ? demandèrent-ils d'une seule voix.

Yehia Sharjaq demeura d'abord muet. Semblant réfléchir, peser le pour et le contre. Puis il lâcha :

— Ali Nasser va arriver demain, en fin de matinée. Il a rendez-vous avec le président pour une réunion secrète au palais vers six heures du soir. Je dois le conduire là-bas. Seulement avant, il doit rencontrer une femme. La chanteuse roumaine du *Sheraton*.

— C'est sa maîtresse ? demanda Malko.

— Oui. C'est moi qui la lui ai présentée..., avoua Sharjaq. La dernière fois qu'il est venu. Elle travaille pour nous. Elle doit, juste avant de le quitter, lui remettre un paquet en lui disant que c'est un cadeau et qu'il ne doit l'ouvrir que plus tard.

— C'est un engin explosif ? demanda Malko.

— Oui. Avec une minuterie réglée pour exploser quarante-cinq minutes plus tard. Lorsque Ali Nasser sera avec le président Saleh.

Un long silence suivit cet aveu. Zaghlool Mokha échangea un regard éloquent avec Malko. Ce dernier insista.

— Capitaine, vous avez monté seul ce complot ? Je veux dire, sans aucune aide étrangère ?

— Non, fit le capitaine.

— Alors, qui vous a aidés ?

— Nos camarades soviétiques.

— Des militaires ?

Le Yéménite secoua la tête.

— Non. Oleg Kopecki.

Le rezident du KGB à Sanaa...

— Qu'a-t-il fait ?

— Je ne suis pas au courant de tout, fit docilement Sharjaq. C'est le colonel Bazara qui a le contact avec Kopecki. Je sais seulement qu'ils ont fait venir cette Roumaine à Sanaa dans cette intention et qu'ils ont fourni l'explosif.

— Vous savez lequel ? demanda Malko.

Sharjaq ne se troubla pas. En terrain technique, il était à l'aise. Et puis, au point où il en était...

— Du Simplex, je crois, dit-il.

Un explosif qui élevait la température à trois mille degrés, et dont la déflagration repoussait l'air avec une vitesse de deux mille cinq cents fois la pression atmosphérique. Il n'y avait pas besoin d'en mettre beaucoup... Si les brûlures ne vous calcinaient pas les poumons, si le choc ne vous réduisait pas en pulpe, on mourait la cage thoracique défoncée, les organes vitaux écrabouillés.

L'officier yéménite baissa modestement les yeux, comme gêné d'avoir donné cette précision...

— Où doit-il rencontrer cette Roumaine ? Au *Sheraton ?*

— Non. Dans un endroit secret. L'appartement d'une « hakima » qui travaille pour Oleg Kopecki.

— Où ?

— Sur Ring Road, près de l'ambassade japonaise. Je l'attendrai dehors avec mes hommes et, de là, nous irons directement chez le président.

Un ange passa, bourré de Simplex jusqu'à la gueule.

Malko repensa à Andrea. C'était sans doute chez elle qu'aurait lieu le rendez-vous. Intéressant. Il restait des détails à éclaircir. Il préféra ne pas poser trop de questions dont il connaissait déjà les réponses.

— Pourquoi voit-il le président seulement à six heures ?

— Le président qat toute l'après-midi.

— Que devait-il se passer ensuite ? interrogea Malko.

— Le colonel Bazara déclare l'état d'urgence, récita avec complaisance Yehia Sharjaq. L'aéroport est fermé, l'armée occupe la radio et la télévision. Une junte de commandement est formée immédiatement avec, à sa tête, le colonel Bazara qui annonce la découverte d'un complot américain...

« Ensuite, les principaux coupables sont arrêtés et exécutés immédiatement.

— Qui ?

— Tous les officiers qui ont des préférences pro-occidentales. Entre autres les pilotes de F5. Nos camarades de l'Armée de l'Air ont insisté particulièrement sur ce point.

— Pourquoi ?

Il haussa les épaules.

— Les pilotes de F5 formés aux USA et en Iran snobent les pilotes de MIG en prétendant qu'eux et leurs appareils sont meilleurs...

— Qui s'occuperait de cette épuration ? demanda Malko, connaissant déjà la réponse.

De nouveau le capitaine Sharjaq baissa modestement les yeux.

— Je serais le nouveau responsable de l'El ham El Makasi, reconnut-il.

Malko hocha la tête, sans répondre. Il en avait le vertige.

— C'est très bien, fit-il, je vois que vous collaborez honnêtement.

Sharjaq battit des paupières comme une timide violette. Pour un peu, il aurait rougi. Malko enfonça le clou :

— Vous pouvez être certain que le président Abdallah Saleh saura quelle a été votre attitude et vous en récompensera sûrement.

L'officier yéménite eut un geste évasif, signifiant que c'était un problème sans importance.

— Je suis entre vos mains, dit-il emphatiquement. Mr Mokha a su me montrer où se trouvait mon devoir...

Une belle âme !

— Parfait, dit Malko. Voilà ce que nous allons faire. Vous agissez comme prévu. Vous amènerez Ali Nasser au palais après son tête-à-tête avec la Roumaine...

— Et ensuite ? demanda Sharjaq, soudain tendu.

— Je serai avec le président. Dès qu'Ali Nasser sera là, nous ouvrirons son attaché-case pour y prendre le « cadeau » de la Roumaine. De cette façon, il aura la preuve de l'attentat. Je vous retrouve donc au palais, demain, vers six heures.

Le complot était diabolique. Les Soviétiques liquidaient d'un coup les deux hommes qui les gênaient, Ali Nasser et le président Saleh. Ce qui appelait une autre question.

— Qu'a-t-on promis aux Soviétiques ? interrogea Malko au moment où Sharjaq se levait.

— De cesser toute aide aux gens d'Ali Nasser et de faciliter la réunification des deux Yémen dans une seule république démocratique.

Autrement dit un satellite soviétique... Le vieux rêve russe depuis vingt ans. Qui jusqu'à ce jour avait toujours échoué en faisant pas mal de cadavres... Yehia Sharjaq s'essuya le front.

— Vous voulez savoir autre chose ? demanda-t-il.

— Non, dit Malko.

Yehia Sarjaq vint s'incliner devant Zaghlool Mokha. Le vieux Yéménite se leva à son tour et l'étreignit comme si c'était son frère.

— Bien entendu, dit-il, lorsque cette affaire sera réglée, ta dette sera effacée. Et tu seras mon ami pour toujours, Inch Allah.

— Inch Allah, fit le capitaine Sharjaq d'une voix morne.

Sans un regard pour Nabil El Khouri, il marcha vers la porte. Les gardes s'écartèrent et il disparut.

Le silence régna quelques instants, brisé par le rire acide de Zaghlool Mokha.

— J'espère que ce coup d'Etat n'aura pas lieu, sinon, je serai le premier à être pendu...

— N'ayez crainte, dit Malko.

— Inch Allah, fit le vieux Yéménite.

A son tour, Nabil El Khouri demanda la permission de se retirer. Il était blanc.

Dès que Zaghlool Mokha et Malko se retrouvèrent seul, le vieux milliardaire lui jeta un regard aigu.

— Vous êtes très sûr de vous... N'aurait-il pas fallu le garder avec nous ? Je ne suis pas certain qu'il nous ait dit toute la vérité...

Malko sourit.

— Moi, je suis *certain* qu'il nous a beaucoup menti et qu'en sortant d'ici il n'a qu'une idée : parvenir à ses fins...

— Alors, pourquoi ?

— Je crois qu'il a dit la vérité sur les points suivants, expliqua Malko. Il y a un complot, Bazara et les Soviétiques en sont les instigateurs et Ali Nasser est le vecteur destiné à atteindre le président Saleh. Mais sur le reste, il a menti.

« Si Jack Penny avait appris quelque chose d'Assageth, il l'aurait mis dans son compte rendu. Il a été tué avec préméditation, il ne s'agissait pas d'une information recueillie lors de sa dernière visite... Donc, Sharjaq nous a caché le principal : le vrai secret de ce complot.

— Pourquoi l'avoir laissé aller, dans ce cas ?

— Parce que nous contrôlons le vecteur, expliqua Malko. Ali Nasser nous contactera dès son arrivée. Si d'ici là, je n'ai pas avancé, nous le bloquons et toute leur opération tombe à l'eau. Mais je voudrais les prendre la main dans le sac... J'espère seulement que Sharjaq et Bazara ne vont pas déclencher le coup d'Etat prématurément...

Mokha secoua la tête.

— Pas tant que le président est vivant.

Malko se leva.

— De toute façon, je vais en discuter avec Oswald Byrnes. Je suis sûr que nous aurons encore besoin de vous... A propos, et Mandy Brown? Vous ne craignez pas...

Zaghlool Mokha sourit.

— Elle est sous ma protection. Discrète. Personne ne touchera un cheveu de sa tête. Même pas le colonel Bazara.

— Faites quand même attention, ces gens sont très forts et maintenant Sharjaq n'a plus rien à perdre. Le président s'en débarrassera de toute façon.

— Je sais, dit Mokha.

— Et j'imagine qu'il le sait aussi, fit Malko.

CHAPITRE XIX

Oswald Byrnes avait fiévreusement pris des notes durant le récit de Malko. Celui-ci but un peu d'eau et conclut :

— Vous avez tous les éléments pour dénoncer le complot au président Saleh maintenant, si vous le souhaitez.

Oswald Byrnes se balança dans son fauteuil.

— Certainement, reconnut-il, mais je ne suis pas sûr que ce soit la bonne solution... Ces gens sont tellement tordus qu'il n'est pas certain qu'il nous croie. Les autres vont se défendre comme de beaux diables, accusant la Company de vouloir destabiliser le pays. Il y a aussi le problème des tribus. Le colonel Bazara appartient à une grande tribu. Le président n'osera peut-être pas l'exécuter. S'il se contente de l'éloigner, c'est foutu, et les Soviétiques vont recommencer dans trois mois.

— Que voulez-vous faire ?

— Les prendre la main dans le sac, fit l'Américain. Pour cela, il faut que nous contrôlions le processus et frappions juste avant le moment psychologique. Evidemment, il y a un risque. Mais là, on décapite tout.

Devant l'expression de Malko, il s'arrêta net.

— Vous n'êtes pas d'accord ?

— Si, dit Malko, mais c'est un gros risque. Le

capitaine Sharjaq m'a menti. Je viens de vous expliquer en quoi.

L'Américain passa nerveusement sa main dans ses cheveux clairsemés.

— Quelle foutue situation...

— Il faut verrouiller, dit Malko. Etre déjà certain d'être au palais au moment où Ali Nasser y arrivera, afin d'être en mesure de l'intercepter, si nous n'avons pas pu faire mieux.

— Que comptez-vous faire d'ici là ?

— Réfléchir. J'ai l'impression de toucher la vérité du doigt. Et il y a un élément que je n'ai pas mentionné à Sharjaq. Je crois savoir où aura lieu la fameuse rencontre entre Ali Nasser et cette Roumaine. Je dois m'en assurer. Cela nous donnerait un atout supplémentaire.

Oswald Byrnes soupira.

— Bien. Je vais prévenir l'ambassadeur. C'est lui qui va demander l'audience.

— Quel prétexte invoquerez-vous ?

— Les livraisons d'armes à Ali Nasser.

*
**

— *Malesh, malesh...*

Le colonel Bazara écourta le rapport de son indicateur et ce dernier quitta vivement son bureau. Resté seul, l'officier yéménite alluma une cigarette et se mit à réfléchir.

L'agent de la CIA était parti la veille de son hôtel, suivi par six de ses tueurs à gages, des hommes absolument sûrs, armés jusqu'aux dents. L'étranger avait réapparu à deux heures de l'après-midi, et il n'avait aucune nouvelle de ses hommes... Il regarda les rapports qu'on lui avait remis. Les contacts de l'agent de la CIA avec Mokha ne l'étonnaient pas : le vieux milliardaire était connu pour ses sympaties pro-américaines. La visite du cheikh El Ragheb était aussi dans l'ordre des choses. Les tribus du nord magouillaient avec les Saoudiens et, donc, les Américains. C'était sûrement lié à l'affaire Ali Nasser.

Jouant nerveusement avec son chapelet d'ambre, il se demanda ce qu'il pouvait faire.

Il appuya sur l'interphone :

— Yehia !

Le capitaine Sharjaq n'était pas dans son bureau... Impuissant, Bazara décida de se concentrer sur les plans du nouveau palais d'hiver du président qu'on était en train de bâtir à Mareeb. Comme il espérait bien dans vingt-quatre heures arriver à ses fins, ce projet l'intéressait... Cependant, tandis qu'il était penché sur les épures, son esprit continuait à galoper et la boule grossissait dans son estomac.

Qu'étaient devenus ses six tueurs ? Il ne pouvait envisager qu'un homme seul en soit venu à bout.

Fallait-il prévenir Oleg Kopecki ?

Il décida d'attendre un peu...

*
**

Allongé sur son lit, Malko relisait pour la vingtième fois le rapport de Jack Penny. Ne voyant toujours pas ce qui pouvait lui avoir échappé. Il le posa près de lui et révisa la situation.

Jusqu'à l'arrivée d'Ali Nasser, le lendemain matin, il avait toutes les cartes en main. Seulement, sa marge de manœuvre était limitée. Du côté de la Roumaine, rien à faire. Du côté Sharjaq, non plus. Bazara encore moins. Il restait ce qui lui paraissait maintenant le plus important : la rencontre entre Ali Nasser et la Roumaine. Son intuition et ses informations lui disaient qu'elle risquait de se dérouler dans l'appartement d'Andrea.

Il avait échafaudé un plan d'attaque, mais là aussi, il

fallait attendre la dernière minute, frapper à coup sûr, sinon les Soviétiques, qui étaient des gens prudents, alertés, risquaient de tout « démonter » et le complot refleurirait un peu plus tard sous d'autres formes, avec de meilleures chances de réussite...

C'était frustrant de demeurer ainsi, sans rien faire. Sa tension était telle qu'il ne sentait plus ni la faim ni la fatigue. Il réalisa soudain en entendant l'appel des muezzins qu'il était six heures du soir. Il restait quand même une ultime vérification à faire sur Sharjaq, par l'intermédiaire de Mandy Brown. Savoir s'il l'avait revue, quel était son état d'esprit, s'il avait deviné son rôle dans l'affaire. L'attitude adoptée par le chef de station de la CIA amenait à prendre de sérieux risques en dépit du « filet » constitué par le rendez-vous avec le président Saleh.

A jouer au plus fin avec leurs adversaires, les Américains avaient déjà perdu le président Sadate. Seulement, lorsqu'on pouvait apporter à un chef d'Etat étranger un complot sur un plateau d'argent, cela générait une certaine reconnaissance...

Yehia Sharjaq n'arrivait pas à sortir de sa douche. L'eau chaude qui dégoulinait sur lui l'enfermait dans une sorte de cocon protecteur et rassurant d'où il hésitait à émerger.

Depuis qu'il avait quitté la demeure de Zaghlool Mokha, il était dans un état second. A la fois déconnecté et incroyablement tendu. Mandy Brown qu'il avait retrouvée pour déjeuner au *Sheraton* lui avait demandé ce qu'il avait et il s'était plaint d'une légère intoxication alimentaire. Ce qui lui avait évité de déjeuner : il se sentait incapable d'avaler même un grain de riz. Son instinct lui disait que la jeune femme était pour quelque chose dans ses problèmes.

Pourtant, il n'arrivait pas, ni à le croire complètement, ni à lui en vouloir. Dès qu'elle se penchait au-dessus de la table pour lui parler, montrant la naissance de sa poitrine, la tempête se levait de nouveau dans son ventre.

Il était parvenu à lui faire l'amour avec la même vigueur que d'habitude, mais n'avait pas eu envie de recommencer.

— Tu vas te noyer ! cria-t-elle.

Sharjaq sortit enfin de la douche. Il n'avait même pas pris la précaution d'emmener Mandy chez El Khouri. Cela n'avait plus d'importance d'ailleurs. Sa vie allait basculer dans un sens ou dans l'autre le lendemain. Il sortit, enroulé dans une serviette. Mandy le contemplait, nue sur des escarpins, un peu déhanchée.

Il passa un bras autour de sa taille et brusquement ne pensa plus aux heures qui allaient suivre. Le moment qu'il redoutait était sa réunion avec le colonel Bazara, une heure plus tard.

Malko émergea du *Taj Sheba* et regarda autour de lui. Rien de suspect. La circulation était intense, comme tous les soirs à la même heure. Il avait mis un blazer d'alpaga afin de dissimuler le Tokarev glissé dans sa ceinture. Sharjaq, pour sortir du piège où il l'avait enfermé, pouvait être tenté de faire le ménage... Liquider physiquement Mokha, Byrnes et lui. Etant donné les moyens dont il disposait, ce n'était pas une hypothèse totalement impossible, même si la manœuvre était désespérée.

Il avait essayé d'appeler Mandy au *Sheraton*, mais sa

chambre ne répondait pas. Nabil El Khouri devait savoir où elle se trouvait.

Le restaurant du Libanais était fermé. Il s'engagea dans un escalier de bois branlant jouxtant le restaurant, pour atteindre un couloir crasseux au premier étage. Cela puait le graillon et la poussière jaillissait à chaque pas. Malko essaya plusieurs portes avant d'en trouver une qui donnait sur une petite pièce avec un bureau et, des cartons de conserve dans un coin. Au fond, une porte vitrée translucide marquée « Private ». Il y frappa. Pas de réponse. Il tenta de l'ouvrir mais elle résista d'une façon bizarre, comme si elle était coincée. Malko parvint à se glisser dans le battant entrebâillé.

C'était la jambe gauche de Nabil El Khouri qui la coinçait. Le Libanais était étendu à plat ventre entre un bureau et la porte. Mort. Malko l'effleura : la peau était encore souple et tiède. Il aperçut quelque chose de mauve autour de sa nuque et le retourna. La bouche était ouverte, les yeux exorbités, le teint cyanuré. Le cordon de soie qui l'avait étranglé était toujours noué sur sa gorge comme une signature muette.

Malko se redressa. Le capitaine Sharjaq avait commencé à régler ses comptes. Il contempla le Libanais. Pauvre El Khouri... Cette opération, où il avait pourtant été d'une correction parfaite avec ses commanditaires, ne lui avait pas porté chance.

Cette réaction de Sharjaq était hautement inquiétante. Se faisant de plus en plus de soucis pour Mandy Brown, il redescendit, traversa Ali Al Mughni Street et du téléphone de la réception du *Taj Sheba* rappela le *Sheraton*. La chambre de Mandy Brown ne répondait toujours pas.

Il composa alors le numéro de Zaghlool Mokha. Il eut une voix de femme. Malko crut l'identifier.

— Latifa ?

— *Aiwa ?*

Il y avait de la surprise dans sa voix. Il se fit connaître, demandant si Mokha était là.

— Il se repose, je crois.

— J'arrive, dit Malko.

Cinq minutes plus tard, il appuyait sur l'interphone du vieux milliardaire. Latifa vint lui ouvrir, et le mena aussitôt chez son maître à travers une enfilade de salons vides. Le vieux Yéménite était en train de se goinfrer de gâteaux au miel et de thé, à côté de plusieurs téléphones ; calé contre les coussins de sa qatroom.

— El Khouri est mort, annonça Malko. Vraisemblablement assassiné par Sharjaq. Et Mandy Brown a disparu.

— Mandy Brown est ici, dit Mokha. Je l'ai fait chercher il y a une heure au *Sheraton*. Dès que Sharjaq l'a quittée.

— Le meurtre d'El Khouri est très inquiétant.

Le vieux Yéménite fit la moue.

— Je ne crois pas. El Khouri ne représentait pas un danger. S'il avait voulu contre-attaquer, il se serait attaqué à vous, à Mr Byrnes ou à moi... C'est seulement une vengeance. (Il eut son petit rire aigrelet.) Ce qui prouve que Sharjaq a une certaine culture...

— Comment ? demanda Malko, ne voyant pas le rapport.

— Durant l'occupation turque, c'est de cette façon qu'on exécutait les gardiens de harem qui avaient failli à leur devoir... Or, en quelque sorte, El Khouri était le pourvoyeur du harem de Sharjaq et de ses amis... Il s'est vengé de sa trahison.

Visiblement, la mort du Libanais laissait Mokha totalement indifférent. Malko fut choqué de cette insensibilité, mais n'en montra rien. Bien sûr, El Khouri n'était pas un personnage sympathique, mais il avait quand même été un allié fidèle. Seulement dans le monde arabe, les Libanais étaient considérés souvent comme des êtres inférieurs.

— Je veux voir Mandy Brown, dit-il.

— Elle doit se trouver au hammam avec les autres femmes, dit Mokha. Je préfère qu'elle demeure sous ma protection jusqu'à la fin de cette affaire. On va vous conduire.

— Sharjaq ne va pas chercher à la voir ?

— On lui dira qu'elle est chez moi. Il n'insistera pas.

Sonnette. Latifa arriva et écouta l'ordre de son maître. Le vieux Yéménite bâilla.

— Demain je ne bougerai pas d'ici de toute la journée.

Latifa guida Malko dans le sous-sol de la grande demeure jusqu'à une pièce dont la porte de bois était si basse qu'il fallait se plier en deux pour la franchir. Les murs et le sol étaient en pierre sombre, probablement du basalte et la lumière venait de deux vitraux-impostes. Une vieille femme mena Malko jusqu'à un bat-flanc encadré par deux fontaines d'eau bouillante.

— Malko !

Mandy Brown, assise en tailleur sur le basalte, avait le corps recouvert d'une sorte de crème noirâtre, pas ragoûtante... En quelques secondes, les vêtements de Malko furent imprégnés de vapeur. La chaleur était étouffante. La vieille femme prit un seau et le vida à toute volée sur Mandy qui poussa un hurlement.

— Ils sont dingues ! dit-elle. Ça fait une demi-heure qu'elle me frotte avec de la pierre ponce. Je ne sens plus ma peau. Zag m'a dit que j'allais me relaxer... Enfin, c'est marrant...

— Quoi de neuf ?

Mandy baissa les yeux modestement.

— Mon copain est de plus en plus amoureux : il m'a sautée une partie de l'après-midi. C'est une bête,

cet homme-là! Heureusement que je pensais à toi...,
ajouta-t-elle hypocritement.

— Sharjaq ne t'a rien dit de particulier?

— Non, dit-elle. Seulement qu'il était pris demain
toute la journée et que nous nous verrions le soir.

Evidemment, le lendemain, Sharjaq cornaquerait Ali
Nasser.

— Ne bouge pas d'ici sans mon ordre, dit Malko.
Zaghlool Mokha a offert de veiller sur toi.

— Il est sympa, fit rêveusement Mandy. Dis-moi,
c'est vrai qu'il y avait le Palais de la Reine de Saba dans
le coin?

— Oui, pourquoi?

— Zag m'a dit qu'il le reconstruirait pour moi, si je
restais au Yémen, fit-elle, extasiée. Il est encore plus
amoureux que Toto (1). Evidemment il est un peu
moins jeune. En tout cas, il doit m'emmener dans le
bled pour voir le temple. Savoir si ça me plaît.

— A mon avis, ça ne te plaira pas, dit Malko.

Dans ces moments de tension, la conversation de
Mandy Brown était rafraîchissante. Il reprit le couloir
qui lui parut glacial. Latifa l'attendait pour le raccompagner.

Yehia Sharjaq pénétra dans le bureau du colonel
Bazara, un radieux sourire aux lèvres. Il avait bu trois
cognacs coup sur coup avant de quitter le *Sheraton* et la
boule, au creux de son estomac avait un peu fondu.

— Où étais-tu? aboya Bazara de mauvaise humeur.

— Je travaillais, fit Sharjaq.

Comme ses activités étaient incontrôlables...

— Tu as eu un contact avec Addis?

_____
(1) Son ex-fiancé abu-dhabien.

— Oui, l'avion arrive à l'heure prévue.

— Tout est prêt.

— Oui.

Ils se turent. Dans la cour des soldats s'interpellaient bruyamment. Bazara dévisagea son subordonné et lui trouva les yeux un peu trop brillants.

— Tu as qaté ?

— Oui.

— Idiot. Demain, il faudra que tu aies la tête claire.

Sharjaq alluma une cigarette avec un sourire un peu crispé. Bazara en fit autant. Il venait enfin d'apprendre par son antenne de Mareeb qu'on avait découvert six corps dans le Wadi Adhana, à côté de Mareeb. Vraisemblablement ses hommes. Un « accident » qu'il ne s'expliquait pas. De toute façon, les dés étaient jetés. Il décida de n'en pas parler à Sharjaq pour ne pas l'inquiéter. Les deux hommes se levèrent en même temps. Sans s'être donné le mot, ils s'étreignirent, pensant à la même chose.

— *Boukhra*...

— *Boukhra*.

Yehia Sharjaq sortit le premier, le cœur un peu plus léger. Le fil auquel tenait sa vie s'était légèrement épaissi.

*
**

Malko, allongé sur son lit, guettait les bruits de l'extérieur, n'arrivant pas à dormir. Le silence était absolu, à part quelques voitures attardées. Sanaa était mort de onze heures à quatre heures du matin. Il resta les yeux ouverts s'attendant à chaque seconde à entendre le crépitement d'une arme automatique.

Si rien ne se passait avant l'aube, le lendemain allait être pour lui le jour le plus long.

CHAPITRE XX

Malko regardait le soleil se lever, pensant que dans quelques heures Ali Nasser allait arriver à Sanaa. Il avait à peine dormi, repassant dans sa tête tous les éléments du plan qu'il avait échafaudé. Il descendit et monta dans la Suzuki. La circulation était toujours aussi chaotique et bruyante. Comme un automate, il prit la direction de Haddah Road, après avoir soigneusement examiné l'intérieur et l'extérieur de la Suzuki. Rien.

Oswald Byrnes était déjà à son bureau, l'air soucieux.

— Il y a eu cette nuit un accroissement notable des communications radio entre la « Rezidentura » et Moscou, annonça-t-il.

— Vous avez pu déchiffrer quelque chose ?

— Rien.

— Et l'ambassadeur ?

— Nous avons rendez-vous avec le président Saleh à cinq heures quarante-cinq. Juste avant Ali Nasser. Si vous n'avez rien trouvé d'ici-là, nous lui révélerons ce que nous savons.

— Très bien, dit Malko, j'ai besoin de votre ami Hassan.

Il expliqua alors au chef de station de la CIA ce qu'il avait l'intention de faire. Byrnes l'écouta attentivement.

— Je suis d'accord. Il n'y a plus qu'à croiser les doigts, conclut-il.

*
**

Malko, embusqué sur le parking de l'ambassade du Japon, vit revenir Hassan, la mine basse.

— Elle est à l'hôpital, dit-il, elle travaille toute la journée.

— Vous en êtes sûr ? insista Malko. Il y a plusieurs « hakimas » dans cet immeuble.

Il avait envoyé l'homme à tout faire de Oswald Byrnes aux nouvelles pour trouver Andréa. Hassan avait réussi à se faufiler à l'intérieur et à interroger des femmes de ménage.

— Bien, dit Malko, il faut la contacter à l'hôpital. Moi, je ne peux pas y aller.

Hassan fit la moue.

— C'est difficile, dit-il. L'hôpital de la Révolution est très grand. Je ne sais pas si j'y arriverai.

Malko tira de sa poche un billet de cent dollars, le coupa en deux et en tendit une moitié au Yéménite.

— Moi, je suis sûr que si. Je vous attends dehors dans une demi-heure.

Devant des arguments aussi directs, Hassan ne discuta plus. Malko remonta jusqu'à Bab El Yémen, largua Hassan et fila vers Haddah Road. Oswald Byrnes était en train de rédiger fiévreusement des mémos à l'intention de Langley. L'Américain avait le teint cireux et buvait à peine, signe de grande nervosité.

— Ali Nasser est bien arrivé tout à l'heure, annonça-t-il à Malko. J'ai eu un de ses hommes. Son programme n'a pas été modifié.

— Donc, tout se déroule normalement, dit Malko. Je vais à l'hôpital de la Révolution. J'ai votre parole pour notre accord ?

— *No problem*, affirma l'Américain. Nous avons un vol sur l'Égypte à seize heures. Vous l'amenez ici. Je la prends dans ma voiture, je lui donne le passeport de ma femme avec sa photo et elle part, sous prétexte d'évacuation sanitaire. La station du Caire s'en occupera pour les papiers. J'ai un télex du State Department.

Malko repartit vers le centre. La circulation était démente devant Bal El Yémen, en bordure du bazar. Des dizaines de taxis attendaient les rares touristes. Il arriva devant l'hôpital de la Révolution et se gara assez loin, mais de façon à surveiller la sortie. Pas de Hassan en vue.

Vingt minutes s'écoulèrent. Le soleil tapait de plus en plus fort.

La jeune Hongroise surgit quelques minutes plus tard, en blouse blanche, un sac à l'épaule, sur les talons de Hassan, rayonnant. Elle monta à côté de Malko.

— Qu'est-ce qui se passe ? demanda-t-elle. Cet homme m'a dit qu'il s'agissait d'une question de vie ou de mort.

— En tout cas, de vie, confirma Malko. La vôtre. D'abord, une question. Vous a-t-on demandé de prêter votre appartement aujourd'hui ?

Elle se troubla légèrement.

— Oui. Pourquoi ?

— Savez-vous pourquoi on vous a interdit de me revoir ? questionna-t-il sans lui répondre.

— Non.

— Parce que je suis un agent de la CIA et que les Soviétiques m'ont identifié comme tel.

— Mon Dieu, fit-elle.

Le sang se retira de son visage, ses yeux s'éteignirent.

— Qu'est-ce qui va m'arriver ?

— Cela dépend, dit-il. Si vous ne réagissez pas, vous serez probablement renvoyée dans votre pays sous peu et vous risquez des problèmes...

Des larmes apparurent dans les yeux de la jeune infirmière.

— Mais je n'ai rien fait...

Malko posa la main sur la sienne.

— Ecoutez, Andrea, je vais vous sortir d'affaire. Vous pouvez partir dans quelques heures pour les Etats-Unis.

Elle le fixa stupéfaite, incrédule, les yeux pleins de larmes.

— Les Etats-Unis ! Mais je n'ai pas de visa et on ne me laissera jamais sortir du Yémen... Et puis...

— Je me suis arrangé pour que vous ayez un visa, dit Malko. Et même, lorsque vous serez là-bas, une « green card » et de l'argent pour démarrer une nouvelle vie. Quant à votre départ, il est semi-clandestin.

« Vous partez sur un appareil du MAC (1) en prenant l'identité d'une Américaine. Ce n'est pas un vol régulier.

— Mais c'est une histoire de fou ! Pourquoi si vite ?

— Parce que vous êtes en danger et que vous allez me rendre un grand service.

— Quel service ?

— J'ai besoin de la clef de votre appartement.

— La clef. Pourquoi faire ?

— Je ne peux pas vous le dire.

Andrea demeura silencieuse puis se tourna vers Malko.

— Je ne comprends pas ! Vous ne vous moquez pas de moi ? Il n'y a pas de piège ?

— Aucun.

— Bien, j'accepte. Je vais chercher mes affaires à l'hôpital.

Elle avait déjà la main sur la poignée. Malko l'arrêta.

— Non. Vous ne retournez pas à l'hôpital. Vous

(1) Military Air Command.

partez maintenant avec moi. Vos clefs sont dans votre sac ?

— Oui, mais... mes affaires...

— Vous en aurez d'autres. Donnez-moi vos clefs.

Vaincue, elle ouvrit son sac et lui tendit un trousseau de deux clefs.

— La petite c'est celle de l'escalier du parking. Je ne peux pas y aller prendre des choses auxquelles je tiens ?

— Non, dit Malko, si c'est possible, je vous les ferai renvoyer plus tard.

Il démarra dès que Hassan fut remonté avec eux. Il tenait à mener lui-même cette affaire, en la balisant totalement. Andrea regardait autour d'elle, comme pour emporter des souvenirs. Ils filèrent vers le sud.

— Une autre question, reprit Malko. Roubaia, l'infirmière soviétique dont vous m'avez parlé, a-t-elle un appartement près du vôtre ?

— Oui. Contigu.

— Où est-elle aujourd'hui ?

— A l'hôpital.

— Jusqu'à quelle heure ?

— Huit heures. Si elle ne se fait pas enlever comme moi...

— On va se demander où je suis passée...

Malko toucha les clefs au fond de sa poche. Ils pénétrèrent dans le lotissement où se trouvait le bungalow d'Oswald Byrnes. L'Américain serra chaleureusement la main d'Andrea.

— Mr Byrnes est un haut fonctionnaire du State Department, expliqua Malko. Il va vous remettre un passeport et ne vous quittera plus jusqu'à votre départ. Bien entendu, vous acceptez d'avance ce qu'il vous fera faire. Et je dois vous prévenir que si vous cherchiez à vous échapper ce serait très grave pour vous...

Andrea eut un rire nerveux.

— Mais je ne veux pas m'échapper ! J'ai toujours

rêvé d'aller en Amérique ! Simplement, je ne réalise pas
ce qui m'arrive. J'ai l'impression de rêver.
— Il faut que je vous quitte maintenant, dit Malko.
— Je vous reverrai ?
Il sourit.
— Peut-être. Peut-être pas. Inch Allah.

Malko passa à petite vitesse devant l'immeuble où se
trouvait l'appartement d'Andrea. Aucun véhicule suspect. Ali Nasser et le capitaine Sharjaq n'étaient pas
encore là. Normal, il était tout juste midi. Il continua et
se gara à nouveau dans le parking de l'ambassade du
Japon. Ensuite il glissa le Tokarev sous sa chemise, et
descendit, se dirigeant vers l'immeuble.
Une chose l'avait frappé. Pourquoi emprunter l'appartement d'Andrea pour un rendez-vous clandestin,
alors que les Soviétiques disposaient de celui de l'infirmière du KGB ? Il existait sûrement une raison justi-
fiant l'utilisation de *deux* appartements. Laquelle ?
Au lieu de passer par le hall, il tourna dans la ruelle
longeant le bâtiment et s'engagea sur un plan incliné
menant au parking au sous-sol. Il se retrouva en face
d'une porte verrouillée à clef, desservant l'escalier. Une
des clefs remises par la jeune infirmière l'ouvrit.
Malko monta jusqu'au quatrième sans rencontrer
personne. Il sonna à la porte de l'infirmière hongroise.
Il lui sembla que le coup de sonnette s'entendait à des
kilomètres, mais il ne provoqua aucune réaction. Par
acquit de conscience, il récidiva.
Rassuré, il fit ensuite tourner la clef dans la serrure,
entra et referma. L'appartement comportait un living,
une chambre, une cuisine et une salle de bains. Tout
était fonctionnel, de mauvaise qualité, à part une chaîne
Akaï importée sûrement en contrebande d'Arabie

Saoudite. Il se concentra sur la chambre, ne sachant pas vraiment ce qu'il cherchait. C'est dans cette pièce qu'Ali Nasser allait rendre hommage à Elvira Ploesti, la chanteuse roumaine, auxiliaire du KGB.

Il examina la chambre, sans rien trouver au premier abord. Les placards, la salle de bains, le lit, les lampes. Une grande affiche du lac Balaton était punaisée au-dessus du lit. En se penchant sous une table de chevet, il vit quelque chose dessous. En tâtant, il reconnut un tout petit magnétophone collé par du scotch avec des minuscules micros qui affleuraient la table. Les ébats d'Ali Nasser risquaient de passer à la postérité... Mais ce n'était pas ce qui l'intéressait. Il tenta d'imaginer ce que ferait le Yéménite en entrant.

Il aurait sûrement un attaché-case. Le laisserait-il dans l'entrée, ou le prendrait-il avec lui ? Malko conclut que son réflexe serait de le prendre avec lui et de le poser dans la chambre. Où ?

Près de la chaise où il mettrait ses vêtements, selon toute vraisemblance. Tandis que Malko examinait l'endroit, son regard tomba sur une fine ligne qui courait sur le mur à cinquante centimètres du sol. Il s'accroupit, la regardant de plus près et sentit son cœur battre plus vite. Un carré semblait découpé dans le mur, comme une trappe de visite dans une salle de bains !

Il fallait se mettre très près pour le voir. Du doigt, Malko frappa le mur. Cela sonnait le creux. Il appuya et sentit la trappe fléchir légèrement sous ses doigts, mais il n'osa pas insister. Certain qu'il avait mis la main sur une chose importante, il entreprit systématiquement l'examen du mur. Pesant un peu sur tous les endroits, il entendit soudain un « clac »... Le panneau se rabattit à plat, découvrant une cavité sombre.

Malko l'explora du regard. Il avait d'abord cru à une simple cache. C'était plus que cela. La trappe donnait dans l'appartement voisin de celui d'Andrea, au fond d'un placard. Il envoya la main et sentit des vêtements. Il se hâta de refermer, ignorant si l'autre appartement était occupé. Il se redressa et consulta sa Seiko-quartz. Déjà un quart d'heure. Il ne découvrirait rien de plus et chaque seconde passée là augmentait le risque. Il remit tout en place, vérifia que le palier était vide et ressortit.

Aucun problème pour descendre. Il reprit le même chemin et gagna le sous-sol. Après avoir erré dans les parkings, il trouva des vieux cartons et s'installa dans un coin sombre, réfléchissant.

C'est environ une demi-heure plus tard que la lumière jaillit. D'un coup, une phrase du dernier compte rendu de Jack Penny flasha devant ses yeux. Qui expliquait peut-être tout : le meurtre de l'Américain, celui des deux Ethiopiennes et les tentatives effectuées contre Malko.

Et aussi l'habile mensonge du capitaine Sharjaq.

Elvira Ploesti émergea de l'ascenseur du *Sheraton,* somptueuse. Une mini-jupe blanche découvrait ses longues jambes bronzées et son « tank-top » permettait de voir pratiquement toute sa poitrine. Un sac accroché à l'épaule, le regard dédaigneux, elle gagna une voiture qui l'attendait à l'extérieur et démarra aussitôt. Quelques minutes plus tard, Ali Nasser apparut à son tour et rejoignit la Nissan du capitaine Sharjaq.

Les deux voitures descendirent le Ring Road.

Malko tendit l'oreille en entendant des pas dans l'escalier. Il n'osa pas avancer, de peur de se faire surprendre. D'après l'heure, ce devait être Ali Nasser et sa conquête.

Le silence retomba au bout de quelques instants. Si le

capitaine Sharjaq avait posté des gardes pour protéger
Ali Nasser, ce devait être à l'extérieur de la cage
d'escalier, dans le hall de l'immeuble, puisque l'escalier
était défendu par des portes fermant à clef.

Il s'imposa d'attendre une demi-heure. Autant laisser
à Ali Nasser le temps d'apaiser ses fantasmes. La suite
risquait d'être moins agréable.

Chaque fois qu'Ali Nasser retrouvait Elvira Ploesti, il
en avait les mains moites. Montant l'escalier derrière la
Roumaine, il avait les yeux rivés sur le balancement de
la croupe moulée par la mini-jupe.

Tandis qu'elle glissait la clef dans la serrure de
l'appartement du quatrième, il se rapprocha par-der-
rière et lui prit un sein à pleines mains. Elle se retourna
avec un sourire complice.

A peine furent-ils dans l'entrée qu'elle se colla à lui
sans ambages, le ventre ondulant contre le sien. Ils
étaient de la même taille. Le Yéménite posa son
attaché-case, passa un bras autour de sa taille, puis lui
caressa les reins. Ses doigts allaient des seins à la croupe
pour revenir au ventre, la massant à travers sa jupe.

Elvira eut une moue provocante, passa lentement la
main sur son membre déjà gonflé.

— Viens !

Il reprit son attaché-case qu'il posa dans la chambre et
se rua sur Elvira, l'embrassant, la pelotant comme un
fou. La Roumaine se dégagea en riant.

— Attends ! J'ai un cadeau pour toi.

Elle plongea la main dans son sac et lui tendit un
paquet assez lourd.

— Qu'est-ce que c'est ?

— Une surprise, dit-elle.

Comme il s'apprêtait à l'ouvrir, elle l'arrêta.

— Non, pas tout de suite.

Passant outre, il défit le papier de soie qui se déchira, révélant un lourd cendrier en verdite.

— Merci, fit Ali Nasser.

Il ouvrit son attaché-case, y fourra le cadeau et referma, brouillant de nouveau les combinaisons des deux serrures. En femme ordonnée, Elvira lui ôta sa veste qu'elle mit sur le dossier de la chaise et posa l'attaché-case à côté. Puis, avec des gestes amoureux, elle commença à lui déboutonner sa chemise. Il avait un torse épais, adipeux, mais ses doigts fins s'attardèrent à la pointe de ses seins, une caresse qui le rendait fou. A son tour, il arracha le « tank-top », prenant les seins fermes à pleines mains... Elvira se laissait faire avec un sourire lointain. Elle fit glisser le zip de sa jupe qui tomba à terre, révélant un triangle de nylon neigeux.

Dans cette tenue, elle recommença à se frotter contre lui, avec des mines de chatte heureuse.

Ali Nasser n'en pouvait plus. Il la porta vers le lit et l'y jeta, pour aussitôt se ruer goulûment sur ses seins... Pendant ce temps, Elvira acheva de défaire son pantalon. Il portait un ridicule slip grenat déformé par son sexe en érection. Il se tendit quand Elvira le prit à pleines mains.

— Tu as envie de moi ? demanda-t-elle.

Comme si ça ne se voyait pas.

Pour toute réponse, il voulut la prendre immédiatement... Elle l'écarta en riant.

— Attends, j'aime te prendre dans ma bouche.

Elle savait que c'était sa caresse favorite, quelque chose qu'on n'obtient pas facilement dans les pays musulmans. Docilement, il s'allongea sur le dos, tandis qu'agenouillée sur le lit, elle plongeait sur son sexe. Il ferma les yeux, souhaitant que cela dure éternellement... Elvira prenait son temps.

Quand elle emprisonna son sexe entre ses deux seins,

il crut qu'il allait éjaculer séance tenante. A genoux, la croupe surélevée comme pour s'offrir à un amant invisible, les cheveux dans la figure, Elvira aurait fait bander un mort. Ali Nasser poussa un cri étranglé et se dégagea.

Se glissant derrière elle, il la saisit à pleines hanches. Elvira pivota et il entra en elle avec un soupir de soulagement. Le Yéménite ne tarda pas à exploser avec des grognements de joie. Avec une parfaite synchronisation, Elvira poussa plusieurs cris et un long soupir avant de s'allonger, apparemment fourbue.

Ali Nasser ne pouvait se rassasier de la vue de son corps épanoui, du ventre plat, des cuisses fuselées et dures. Elvira le regardait de ses grands yeux vides où passait parfois une lueur ambiguë. Elle se pencha, effleura de la hanche son torse couvert de sueur.

— Je vais te faire couler un bain, dit-elle.

Ali Nasser eut un sourire ravi. C'était un rite entre eux.

Une fois qu'il était dans la baignoire, et qu'il s'était lavé, Elvira le rejoignait et s'amusait à l'exciter de nouveau.

Il ferma les yeux, se disant que c'était vraiment une bonne journée. Le président le recevait, les Américains lui donnaient des armes et il avait en prime la plus belle femelle de sa vie.

Malko arriva sur le palier du quatrième sans avoir vu un chat. Un garde stationnait dans le hall, de l'autre côté de la porte vitrée. Plus d'une demi-heure s'était écoulée depuis l'arrivée d'Ali Nasser et de sa conquête...

De la main gauche, il glissa la clef dans la serrure et poussa la porte, le Tokarev dans la droite.

Quelques secondes plus tard, il surgissait à la porte de la chambre. Aucun des deux ne l'avait entendu venir. Les yeux clos, Ali Nasser était étendu sur le dos, Elvira venait de sauter du lit entièrement nue. Elle se figea en découvrant Malko.

— Qui êtes-vous ? glapit-elle.

Elle n'avait pas encore vu le pistolet. Lorsqu'elle l'aperçut, un cercle blanc apparut autour de sa bouche.

— Que voulez-vous ? demanda-t-elle d'un ton plus neutre.

Ali Nasser poussa une exclamation, s'enroula dans le drap et leva la main droite.

— *Please, don't...*, fit-il, d'une voix suppliante.

Lui aussi, en ouvrant les yeux, avait vu le pistolet...

Malko avança jusqu'au milieu de la pièce, l'arme braquée sur Elvira. Celle-ci l'observait, les bras ballants, ses étranges yeux pâles immobiles comme des pierres. Parfaitement maîtresse d'elle-même. Une professionnelle. De nouveau, elle demanda :

— Que faites-vous ici ? Comment êtes-vous entré ?

— Par la porte, dit Malko, en exhibant le trousseau.

Réalisant que le pistolet n'était pas braqué sur lui, Ali Nasser récupéra un peu de dignité et se mit debout, le bas du corps enroulé dans un drap.

— Que signifie cette intrusion ? retrouvant une voix ferme, je suis l'hôte du gouvernement. Je...

— Je ne vous veux aucun mal, Mr Nasser. Au contraire. Je travaille avec Mr Byrnes, c'est moi qui me suis procuré les armes remises à votre ami de Mareeb, il y a deux jours.

Ali Nasser cligna des yeux, interloqué. Elvira se déplaça et saisit sa mini-jupe qu'elle enfila d'un geste calme.

— Pourquoi êtes-vous là ? demanda le Yéménite.

— Vous êtes en danger de mort, dit Malko. Je suis venu vous prévenir.

— Ne l'écoute pas ! glapit Elvira d'une voix sèche, c'est un espion à la solde des Américains. Il te manipule.

Elle venait de se rhabiller en un clin d'œil et faisait face à Malko, les yeux flamboyants de rage. Comme Ali Nasser ne répondait pas, elle fit un pas vers la porte.

— Je vais chercher du secours.

— Vous ne bougez pas, intima Malko.

Le pistolet décrivit un arc de cercle. La jeune femme s'immobilisa, son sac à la main, revint lentement vers le milieu de la pièce.

— Alors ?

— Un attentat est en préparation contre vous, expliqua Malko au Yéménite. J'ai des raisons de croire que cette femme y est pour quelque chose.

— Moi ! s'exclama Elvira. C'est ridicule.

— Cela me semble impossible, dit Ali Nasser. En sortant d'ici, je dois me rendre chez le président et je dispose d'une escorte importante.

— Et moi, je n'ai pas d'arme, renchérit Elvira. Tenez.

Elle prit son sac et le renversa brusquement sur la table basse, répandant divers objets dont aucun ne pouvait présenter de danger. Les mains sur les hanches, elle défia Malko.

— Alors ?

— Cette femme vous a-t-elle offert quelque chose ?

— Oui.

— Vous avez ouvert le paquet ?

— Oui. C'était un cendrier.

Intérieurement, Malko poussa un soupir de soulagement. Yehia Sharjaq avait bien menti. Donc, le plan qu'il avait reconstitué dans sa tête était le bon.

Il se dirigea vers l'attaché-case posé près de la chaise. Elvira ne broncha pas.

Au lieu de le prendre, il se pencha, poussa des deux mains le panneau basculant de la cache, et posa son pistolet devant lui. Il entendit une exclamation de rage derrière lui et se retourna. Elvira, le visage crispé par la haine, se ruait dans sa direction, serrant dans sa main droite une brosse à cheveux, un ustensile parfaitement inoffensif. Seulement, Malko aperçut, dépassant du plastique, une pointe d'un centimètre. En un éclair il se souvint de la mort de Jack Penny. Empoisonné au curare.

Le bras d'Elvira se détendit, prolongé par la brosse à cheveux, cherchant à frapper Malko au visage.

CHAPITRE XXI

D'un réflexe fulgurant, Malko parvint à saisir le poignet de la Roumaine, déviant le coup. Il l'attira, et, déséquilibrée, elle roula à terre sans lâcher sa brosse. Ils se relevèrent en même temps, face à face. Ali Nasser n'en revenait pas... Ils devaient avoir l'air un peu ridicules, une vraie scène de ménage.

Les yeux pâles de la Roumaine étaient presque blancs. Tenant la brosse comme un poignard, à l'horizontale, elle glissa le long du mur, se plaçant entre le pistolet et lui. Sportive, entraînée, elle était redoutable. Il pouvait voir les muscles de ses épaules jouer sous son « tank-top » comme ceux d'un homme. La moindre égratignure de la pointe enduite de curare était mortelle. Il le savait.

— Arrêtez! cria Ali Nasser.

Il avança, voulut prendre le bras d'Elvira. Celle-ci, d'un violent coup de coude en plein estomac, le plia en deux. Puis, elle se fendit comme un escrimeur, visant le ventre de Malko.

Esquive. Elle avançait, balayant l'air à l'horizontale, coinçant peu à peu Malko.

Tout se déroulait dans un silence hallucinant. Soudain, Malko sentit sous ses doigts la veste du Yéménite. Il la saisit et la projeta à la tête de la Roumaine.

Celle-ci recula, aveuglée, cherchant à s'en débarrasser de la main gauche. Malko plongea et parvint à lui saisir le poignet, le tordant de toutes ses forces. Elvira poussa un hurlement de douleur, résista quelques fractions de secondes, puis laissa échapper la brosse à cheveux. Celle-ci rebondit sur son pied nu puis tomba à terre. La Roumaine poussa un espèce de râle, regardant son pied. Une goutte de sang y perlait.

Elvira ne bougeait pas, livide. Une lueur de désespoir absolu passa dans ses yeux délavés. Ses beaux seins semblèrent s'affaisser, en même temps que ses épaules. Un cri désespéré lui échappa.

— Non, non, je ne veux pas...

Frénétiquement, elle s'accroupit, grattant son pied avec ses ongles, comme pour extraire le curare de la blessure. Enfin un spasme secoua son dos et elle tomba lentement sur le côté, tenant toujours son pied, et demeura immobile. Malko, au bord de la nausée, se pencha sur elle : ses yeux étaient déjà vitreux, ses lèvres cyanosées, son pouls nul. Le poison, constrictant ses vaisseaux, l'avait foudroyée. Comme le malheureux Jack Penny. Il se redressa, ramassa le pistolet et fit face à Ali Nasser, toujours enveloppé dans son drap.

— Mais qu'est-ce qu'elle a ? demanda le Yéménite.

— Elle est morte, dit Malko. Empoisonnée par du curare. Regardez sa brosse...

Il montra au Yéménite l'aiguille qui émergeait de l'instrument. Celui-ci recula comme si la brosse allait le mordre. Absolument horrifié.

— Mais pourquoi ? Pourquoi ?

— Habillez-vous, dit Malko, nous n'avons pas beaucoup de temps. Je vais vous expliquer.

Pendant que le Yéménite enfilait fiévreusement ses vêtements, il s'accroupit et acheva de faire basculer la trappe : à l'intérieur de la cache se trouvait un second

attaché-case parfaitement identique à celui qui était
posé par terre, à côté de la chaise.

**
*

Malko était encore en train de contempler sa trou-
vaille quand Ali Nasser le rejoignit. Il poussa une
exclamation de surprise.

— Qu'est-ce que...

Malko se retourna vers lui.

— Depuis que vous êtes entré dans cet appartement,
Elvira Ploesti a-t-elle eu la possibilité d'échanger l'attaché-case qui se trouve dans cette cache contre le
vôtre ?

Le Yéménite secoua lentement la tête, passant la
langue sur ses lèvres sèches.

— Non. Elle ne m'a pas quitté.

— Aurait-elle eu une possibilité de procéder à
l'échange ?

Ali Nasser cligna des yeux.

— Oui, plus tard, je prends toujours un bain
après...

Il ne fallait que quelques secondes pour procéder à
l'échange.

— Très bien, dit Malko, donc ce second attaché-case
doit être piégé et bourré d'explosif.

Il avança le bras pour le prendre et Ali Nasser
poussa un hurlement.

— Vous êtes fou ! N'y touchez pas !

— Je pense qu'il n'y a aucun risque, dit Malko, il
n'est pas prévu pour exploser au choc. Seulement à
l'ouverture ou par l'intermédiaire d'une minuterie.

Délicatement, il prit l'attaché-case et le sortit de sa
cachette, le posant à côté de celui d'Ali Nasser. Les
deux étaient rigoureusement identiques. Il revit la phrase
du compte rendu de Jack Penny mentionnant la pré-

sence chez Assageth de deux attaché-cases noirs, neufs, absolument semblables. Voilà pourquoi il était mort.

— Expliquez-moi! demanda le Yéménite.

— On a préparé un attentat contre vous, dit Malko. Un des responsables en est le capitaine Sharjaq. Cette Roumaine vous avait été présentée dans ce but. Elle travaillait pour le KGB. Je vous raconterai l'histoire en détail. A mon avis, l'idée était de substituer à votre attaché-case celui-ci, tandis que vous auriez été dans la salle de bains...

« En sortant d'ici, vous allez voir le président Saleh, n'est-ce pas? Il y a deux possibilités. Ou une minuterie réglée pour un peu plus tard, ou une explosion déclenchée par l'ouverture...

Ali Nasser regardait le nouvel attaché-case comme si c'était un cobra.

— Mais, objecta-t-il, celui-là ne possède pas la même combinaison. Je n'aurais pas pu l'ouvrir...

Malko réfléchit quelques secondes, faisant appel à ses connaissances techniques.

— Il y a deux possibilités, proposa-t-il. Ou bien, le seul fait de toucher aux mollettes de la combinaison suffit à déclencher l'explosion, ou bien les mécanismes des combinaisons ont été trafiqués de façon à s'ouvrir avec n'importe quel numéro. Y compris le vôtre...

Le Yéménite s'essuya le front et se laissa tomber sur la chaise, livide.

— C'est terrible, bredouilla-t-il. Vous êtes sûr de ce que vous dites? Ce n'est pas seulement un piège pour prendre connaissance des documents qui se trouvent à l'intérieur de mon attaché-case?

— Vous voulez essayer de l'ouvrir? proposa Malko avec un sourire ironique.

Ali Nasser ne répondit même pas.

— Pourquoi m'a-t-elle offert ce cadeau?

— Je peux le voir?

Avec des mains légèrement tremblantes, Ali Nasser prit *son* attaché-case sur les genoux, il tourna les cadrans chiffrés pour afficher la combinaison et ses pouces écartèrent les mollettes commandant l'ouverture. Les deux languettes de cuivre se relevèrent avec un claquement sec. Il souleva le couvercle, découvrant des liasses de documents, un gros pistolet automatique, un paquet de cigarettes, des médicaments et un énorme cendrier vert.

Malko le prit et le soupesa, pensif. Soudain, son visage s'éclaira.

— Le poids ! L'explosif pèse lourd ! Il fallait que votre attaché-case et celui que vous alliez prendre en sortant d'ici pèsent le même poids. Autrement, vous auriez pu avoir des soupçons...

— Qu'allons-nous faire maintenant ? demanda Ali Nasser.

Il lui aurait mangé dans la main.

— Etes-vous d'accord pour faire exactement ce que je vous dis ?

— Bien sûr.

— Vous allez repartir d'ici avec votre attaché-case. Faites comme si de rien n'était. Le capitaine Sharjaq va vous emmener chez le président.

— Et ensuite ?

— Demandez au président de recevoir d'urgence Oswald Byrnes. Assistez à l'entretien. Entre-temps, il se sera passé un certain nombre de choses.

Visiblement, le Yéménite n'était pas chaud.

— Vous êtes sûr que je ne crains plus rien ?

— Certain, dit Malko. On n'improvise pas un complot en cinq minutes. Et vous n'étiez pas le seul visé... Le président Saleh était la cible numéro un.

— Mais pourquoi ne pas aller maintenant avec les deux attaché-cases chez lui ?

Malko eut un sourire où perçait de la lassitude et une froideur dangereuse.

— Parce qu'il faut que Dieu reconnaisse les siens, Mr Nasser. De toute façon, nous avons des preuves : l'appartement, la brosse de cette femme...

— Et elle, qu'allons-nous en faire ?

— Nous la laissons là. Comme si elle dormait. Aidez-moi à la remettre sur le lit.

Elvira était horriblement lourde. Ils mirent près de cinq minutes à la disposer convenablement, enroulée dans les draps. On aurait juré qu'elle était vivante... Dès qu'ils eurent terminé leur macabre tâche, Malko replaça le second attaché-case dans la cachette. Puis, il referma la trappe... Ali Nasser le fixait, hagard.

Malko alla à la cuisine, dénicha un fond de vodka et le fit boire au Yéménite qui le lapa d'un trait... Au bout de cinq minutes, Ali Nasser avait repris un peu de couleur.

— Allez-y maintenant, dit Malko.

Il accompagna le Yéménite sur le palier, referma la porte et le laissa descendre devant lui, continuant jusqu'au sous-sol. Là, il attendit cinq minutes avant d'émerger dans la petite ruelle latérale. Le Ring Road avait son aspect habituel. Il alla récupérer sa voiture à l'ambassade du Japon, grisé par l'air frais et se posta au carrefour. Dix minutes s'écoulèrent avant qu'il voie arriver une Mercedes grise avec une plaque rouge CD. Il en sortit un homme avec une casquette blanche, qui se dirigea sans se presser vers l'immeuble.

C'était Oleg Kopecki, le rezident du KGB à Sanaa.

Malko retint son souffle. Il avait ignoré jusqu'à cette seconde qui viendrait récupérer l'attaché-case d'Ali Nasser...

Le Soviétique ressortit trois minutes plus tard, d'un pas calme, l'attaché-case noir au bout du bras... Il remonta dans sa voiture, fit demi-tour et repartit vers le sud. Malko avait beau se douter de l'endroit où il se rendait, il le suivit, à distance respectueuse. La Mercedes le mena jusqu'au quadrilatère abritant le El ham El Makasi. Malko continua sur la piste défoncée pour se garer un peu plus loin.

Jusque-là, tout se passait selon ses plans... Mais on pouvait toujours craindre un accident de dernière minute.

La déflagration le prit par surprise. Une énorme et sourde explosion dont l'onde de choc fit trembler son pare-brise. Les gens s'arrêtèrent net dans la rue, les voitures stoppèrent. On ne voyait rien... Malko fit demi-tour, se frayant un chemin à travers l'embouteillage. Des soldats couraient dans tous les sens en face du bâtiment de l'El ham El Makasi, barrant la route. Des flammes s'échappaient du toit ainsi qu'une épaisse fumée noire.

Dieu avait reconnu les siens.

Jack Penny, Amabeit et Assageth étaient vengés.

Malko fit marche arrière et prit la direction de la villa d'Oswald Byrnes.

*
**

Une Range Rover arborant le fanion présidentiel encadrée par deux motards et une voiture d'escorte franchit les barrages entourant les bâtiments de l'El ham El Makasi et stoppa en face de l'entrée gardée par des Range Rover équipées d'affûts doubles de *douchkas* (1).

Malko et Oswald Byrnes descendirent du véhicule. Des sentinelles gardaient le bâtiment aux fenêtres éventrées, au toit soufflé : des débris de verre jon-

_____

(1) Mitrailleuses lourdes soviétiques.

chaient le sol et l'âcre odeur de l'explosif prenait encore à la gorge. Un officier au visage grave leur fit traverser une cour grouillante d'animation et les conduisit dans un bureau en piteux état.

Près de la porte gisait un cadavre décapité, couché sur le côté, recroquevillé. Un peu plus loin, se trouvait un autre corps, pratiquement coupé en deux, méconnaissable, sa tête n'était plus qu'une boule de sang. La lumière entrait par un grand trou dans le plafond, tous les meubles étaient en miettes, calcinés, des papiers traînaient partout. Malko repéra dans un coin une casquette blanche tachée de sang, au milieu d'un fatras innommable de débris humains.

— Il y avait environ deux kilos d'explosif dans l'attaché-case, annonça Oswald Byrnes. Il a apparemment explosé à l'ouverture. Seules deux personnes étaient dans le bureau : le colonel Bazara et le rezident du KGB. Vous voyez ce qu'il en reste...

L'odeur fade du sang et de la chair éclatée donnait envie de vomir. Les deux hommes battirent en retraite. Le plan de Malko avait marché au-delà de toute espérance.

— Que disent les Soviétiques ? demanda-t-il.

— Rien.

— Et Sharjaq ?

— Il a été exécuté il y a une demi-heure. Il se trouvait encore au palais lorsqu'a eu lieu l'explosion. Ali Nasser a tout révélé au président qui a réagi immédiatement. On l'a arrêté, il a avoué, on l'a collé contre un mur et fusillé. Ici, les choses ne traînent pas. La radio a annoncé qu'il y avait eu une explosion accidentelle et que plusieurs officiers yéménites avaient été tués. On s'en tiendra là pour la version officielle. Personne n'a envie d'envenimer les choses.

Malko, épuisé, ne rêvait que d'une douche.

— Où est Mandy Brown ? interrogea-t-il.

— Toujours chez Zaghlool Mokha. Allez la chercher. Vous partez dans deux heures pour Ryad. L'avion présidentiel va vous y emmener pour rattraper un vol Air France. Il vaut mieux que vous ne restiez pas trop dans le coin. Les Popovs pourraient avoir envie de se venger. Quoique pour un moment, ils vont plutôt garder un profil bas.

La voix de Zaghlool Mokha était particulièrement chaleureuse et résonnait dans l'écouteur.

— Je vous félicite, dit-il, vous avez fait du bon travail. Nous allons être tranquilles pour quelque temps... Votre amie Miss Brown est prête, elle va vous rejoindre directement à l'aéroport. Ne soyez pas surpris de son apparence. Je lui ai offert un costume local...

— C'est gentil, dit Malko, je suis désolé de ne pas vous revoir...

— Je dois partir tout de suite à Mareeb, dit le vieux milliardaire. J'ai une affaire importante à régler là-bas... Une autre fois. En Europe. Je viendrai un de ces jours...

*

L'agencement intérieur de 727 présidentiel était un rêve : l'appareil était divisé en trois parties. A l'arrière, une sorte de salle de conférence avec des fauteuils en faux Louis XV dorés, des appliques, ensuite une petite salle à manger... L'officier yéménite qui l'accompagnait avec Oswald Byrnes semblait ravi :

— J'espère que vous allez faire un bon voyage...

Les réacteurs tournaient déjà.

— Où est Miss Brown ? demanda Malko.

— Elle est déjà arrivée, nous l'avons installée dans la

chambre, tout à l'avant. Je vais vous quitter. L'équipage est à votre disposition.

Oswald Byrnes lui serra la main.

— Nous nous reverrons bientôt.

On ferma les portes. Malko poussa celle de la chambre. C'était féerique. Un décor de laque mordorée, des éclairages indirects, une moquette où on s'enfonçait jusqu'à la cheville et un grand lit sur un podium recouvert d'une couverture de vison beige... Un bar, un ensemble stéréo-vidéo Akaï. Un laser disc diffusait de la musique arabe sensuelle et rythmée...

Appuyée sur un coude, Mandy Brown l'attendait. Déguisée. Une longue robe de satin vert et un épais marmouk de satin bleu à fleurs oranges. Des bracelets d'argent aux chevilles, aux bras, les pieds peints au kohl... Il éclata de rire.

— Tu es superbe !

Sans répondre, Mandy Brown s'étira et lui tendit les bras, ondulant lascivement à la façon d'une odalisque. Il s'avança et la prit dans ses bras. Après les cadavres et le danger, il avait besoin de se sentir vivre. Il respira avidement le parfum lourd et entêtant qui montait des vêtements, la caressa, devinant son corps nu sous le satin. Sa main effleura son visage et il s'arrêta, intrigué.

Au cause du décollage, il attendit quelques instants pour soulever le marmouk.

Il s'immobilisa, stupéfait. C'était bien la pastille d'or qu'il avait senti sous ses doigts. Latifa lui adressa un sourire langoureux et demanda d'une voix timide :

— Vous n'êtes pas fâché ?

*
**

En même temps, elle se frottait contre lui de toute la longueur de son corps. Où était la sage secrétaire en imperméable blanc ? La bouche effleura la sienne, laissant passer une langue agile et souple comme un serpent, qui commença à l'explorer, tandis que ses doigts semblaient dissoudre ses vêtements tant ils étaient légers.

Lorsque Malko fut nu, elle s'inclina sur son corps et entreprit de lui administrer une fellation qu'elle n'avait sûrement pas appris dans le Coran. Alors, seulement, elle se dépouilla de sa lourde robe en satin et regarda humblement Malko.

— Désires-tu me prendre ?

Elle lut la réponse dans ses yeux et, docilement, roula sur le grand espace de vison, se retrouvant sur le ventre, la croupe légèrement surélevée. En une attitude à la fois provocante et pleine d'humilité. Malko avait hâte de s'assouvir dans un corps de femme. Au moment où il allait la prendre, Latifa le saisit d'une main ferme et le guida vers ses reins.

— Je suis encore vierge, fit-elle.

Il n'eut pas le temps de s'étonner. Déjà, elle poussait sa croupe contre lui, s'empalant littéralement. Ses reins étaient si ouverts qu'il s'y enfonça sans difficulté. Latifa tourna la tête vers lui.

— Prends ton plaisir. Ton plaisir est le mien.

Il oublia tout, se régalant de cette croupe offerte, de ces seins fermes et presque trop importants pour le torse frêle. Jusqu'à ce qu'il se répande en elle.

Latifa attendit patiemment qu'il se calme puis de nouveau se blottit contre lui. Intrigué, Malko demanda :

— Comment se fait-il que tu sois vierge ?

Elle sourit.

— Lorsque Zaghlool Mokha m'a épousée, je n'avais que douze ans. Il ne voulait pas m'abîmer. Alors, il s'est servi de moi ainsi. C'est courant dans notre pays...

Pris d'un horrible soupçon, Malko demanda :

— Quel âge as-tu maintenant ?

— Quinze ans, dit-elle. Je suis très vieille. Zaghlool attendait, reculant tous les jours le moment où il me prendrait... Je crois que cela ne l'amusait plus. Alors, il a choisi de me donner à toi... Tu es content ?

— Ravi, dit Malko. Mais que vas-tu faire ensuite ?

— Comme tu voudras. Tu me gardes ou je reviens à Sanaa.

Elle se pencha sur lui, frottant les pointes de ses seins sur sa poitrine.

— Viens.

Quelque part au-dessus du Rub El Khali, le grand désert qui va de la mer Rouge à l'Irak, Malko pénétra avec douceur le ventre intact de Latifa. La jeune Yéménite poussa un soupir de souris, réprima un léger tressaillement et, aussitôt, comme pour se faire pardonner, appuya des deux mains sur les reins de Malko pour mieux l'enfoncer en elle.

Son étroit fourreau vint vite à bout de lui et lorsqu'il explosa en elle, Latifa se souleva et murmura :

— J'espère que tu m'as fait un enfant.

*
**

Ils allaient atterrir. Latifa tira de ses vêtements une lettre et la tendit à Malko.

— C'est de ton amie. Pour toi.

Il l'ouvrit. Quelques lignes de la grande écriture désordonnée de Mandy Brown.

« Darling, ne m'en veux pas. Zag est fou de moi. Nous partons à Mareeb tout à l'heure. Il va me reconstruire le palais de la Reine de Saba. Je ne peux pas refuser ça. Love ! »

Au moins le coup d'Etat avait fait une heureuse. Mandy reviendrait de son aventure avec quelques dollars de plus et quelques rêves en moins. Elle était indestructible.

***
****

Latifa avait remis son marmouk, à cause de l'équipage. Elle n'avait rien dit lorsque Malko lui avait annoncé qu'elle repartait avec l'avion du président.

Le capitaine frappa et entra, un télex à la main. Malko lut le texte très court, en provenance d'Aden Sud-Yémen.

« Le président du Nord-Yémen a déjoué in extremis un complot de la CIA destiné à l'assassiner. Plusieurs officiers auraient été tués au cours des combats. L'état de siège a été proclamé à Sanaa. L'ambassadeur d'Union Soviétique a immédiatement assuré le président Abdallah Saleh de son soutien et a déclaré que l'Union Soviétique ne permettrait pas la destabilisation d'un petit pays pacifique comme le Nord-Yémen. »

Malko plia le télex et le glissa dans sa poche. Il l'encadrerait pour l'accrocher dans sa bibliothèque du château de Liezen.

Le Compact Disc est au XXe siècle ce qu'a été le gramophone de Thomas Edison fut il y a 100 ans : un miracle de la technique, une révolution sonore !
De fait, ce petit disque de 12 cm qui peut offrir une bonne heure de musique ininterrompue sur une seule face, possède une qualité de reproduction voisine du son direct.

Pour s'en convaincre, il suffit de le placer dans le lecteur CD-A 70 B d'Akaï : système de lecteur optique à 3 lasers, celui-ci est équipé d'un nouveau filtre, exclusif à Akaï, qui élimine les harmoniques dues à la conversion Digitale Analogique. Et en plus, il est ultra simple à programmer !

AKAI

46-52 rue Arago 92800 Puteaux.

de mai à juillet 1986

GRAND CONCOURS

GERARD DE VILLIERS
PLON

500 PRIX A GAGNER dont :

- 5 millions de centimes en espèces
- 3 voyages Havas (Hong-Kong, New York, Dakar)
- Téléviseurs, magnétoscopes, chaînes Akaï, etc.
- Une table basse, création Roméo-Claude Dalle

(sans obligation d'achat)

*Retirez dès à présent
la carte postale-réponse
chez votre libraire ou votre dépositaire*

science fiction

SF

JIMMY GUIEU

Percez le mur de la lumière ! Basculez dans l'hyperespace ! Abordez des mondes nouveaux... ou restez sur la Terre où vous rencontrerez aussi l'Etrange et le Terrifiant...

Chez votre libraire le n° 54

L'ORDRE VERT

L'AVENTURIER DES ÉTOILES

La Galaxie a été conquise par l'Homme, mais plus personne ne se souvient de la Terre. Sauf Earl Dumarest. Aventurier d'un lointain et fascinant futur, il va s'acharner, au péril de sa vie, à retrouver le berceau de l'Humanité. Et se mettre en travers de la route du Cyclan, l'intelligence inhumaine tapie derrière tous les pouvoirs des mondes colonisés.

déjà chez votre libraire

Nº 1 Les vents de Gath
Nº 2 La planète de la mort

L'EXECUTEUR

Lorsque la Mafia avait provoqué la mort de la mère, du père et de la sœur de Mack Bolan, elle ignorait une chose : au Viêt-Nam, ses copains avaient surnommé Mack Bolan, le tireur d'élite.

Chez votre libraire le n° 60

PLEIN FEU SUR LA MAFIA

DÉCOUVREZ

Les fantasmes de la
Comtesse
Alexandra

DANS

LE NOMADE

Nabil glissa un doigt au fond de moi. Je me cambrai. Aussitôt, il me retourna, plus excité que jamais et s'enfonça brutalement entre mes bas résille et ma peau. Ses yeux noirs flambaient de colère et ses coups de reins furieux me firent basculer ventre à terre, agrippée tant bien que mal au tapis. Maintenant, il me malaxait les seins, les pétrissait jusqu'à la douleur, douleur que je partageais avec l'émotion d'être prise comme une chienne. J'entrai dans l'univers intime du Syrien. Moi, la comtesse Alexandra, je devenais une femme de harem avec tout ce que cela comporte de séduction et d'humiliation...

déjà chez votre libraire

LES ANTI-GANGS

Les Anti-gangs, une équipe d'hommes durs et implacables qui tuent et se font tuer dans un combat sans merci.

Hank Frost, soldat de fortune.

Par dérision,
l'homme au bandeau noir s'est surnommé

LE MERCENAIRE

Il est marié avec l'Aventure.
Toutes les aventures.
De l'Afrique australe à l'Amazonie.
Des déserts du Yémen
aux jungles d'Amérique centrale.
Sachant qu'un jour,
il aura rendez-vous avec la mort.

* Ce titre est vendu avec Le Survivant n° 1
Guerre totale.

Achevé d'imprimer en juin 1986
sur les presses de l'Imprimerie Bussière
à Saint-Amand (Cher)

— N° d'Édition : 11491. — N° d'Impression : 1471. —
Dépôt légal : juillet 1986
Imprimé en France